हिमालय

हिमालय

चयन

लोकभारती प्रकाशन

लोकभारती प्रकाशन
पहली मंजिल, दरबारी बिल्डिंग, महात्मा गांधी मार्ग
प्रयागराज-211 001

वेबसाइट : www.lokbhartiprakashan.com
ईमेल : info@lokbhartiprakashan.com

शाखाएँ : 1-बी, नेताजी सुभाष मार्ग, दरियागंज
नई दिल्ली-110 002
अशोक राजपथ, साइंस कॉलेज के सामने
पटना-800 006
1, अनमोल सोराबजी संतुक लेन, धोबी तलाव,
मरीन लाइंस, मुम्बई-400 002

दूसरा लोकभारती संस्करण : 2015
चौथा संस्करण : 2024

बी.के. ऑफसेट
नवीन शाहदरा, दिल्ली-110 032
द्वारा मुद्रित

HIMALAYA
by Mahadevi Verma

ISBN : 978-81-8031-988-4

मूल्य : ₹ 895

अनुक्रम

•

प्राकृतिक परिवेश और संस्कृति

जड़ जगत अपने आदिम रूप में चाहे जल का अनन्त विस्तार रहा हो, चाहे अग्नि का ज्वलित विराट पिण्ड, उसमें जैवी प्रकृति को उत्पन्न करने की क्षमता रहना निश्चित है।

अणु परमाणुओं ने किस अज्ञात ऋत से आकर्षित विकर्षित होकर जीवसृष्टि में अपने आपको आविष्कृत होने दिया, यह तो अनुमान का विषय है, परन्तु प्रत्यक्ष यही है कि प्रकृति की किसी ऊर्जा से उत्पन्न जीवन फिर उसी से संघर्षरत रहता हुआ, स्वयं परिष्कृत होता चला आ रहा है।

यह परिष्कार-क्रम मानव जीवन के समान ही वनस्पति और शेष जीव-जगत में भी व्यक्त होता रहता है। मरुभूमि में उत्पन्न होने वाली वनस्पति, अपनी रक्षा के लिए, विशेष प्रकार के कांटे-फूल और रंग-रेखा में अपनी जीवन-ऊष्मा को व्यक्त करती है और पर्वत, जल आदि की वनस्पतियां भी अपने अपने प्राकृतिक परिवेश की अनुरूपता ग्रहण करके ही विकास कर पाती हैं।

प्राणि-जगत में भी यह परिष्कार-क्रम विविध और रहस्यमय हैं। इस प्रकार इस विकास-पद्धति को ऐसा जैवी धर्म कहा जा सकता है, जिसके द्वारा सृष्टि अपने प्राकृतिक परिवेश से कुछ संघर्ष, कुछ समझौते करके कभी उसके अनुकूल बनती, कभी उसे अपने अनुकूल बनाती विकास की स्थिति उत्पन्न करती रहती है।

प्राकृतिक परिवेश से जीवप्रकृति का सम्बन्ध केवल ऐसा नहीं है, जैसा सीप के सम्पुट और मोती में होता है। मोती सीप के भीतर उसके द्रव से बनता अवश्य है, परन्तु, उसके बनने का क्रम किसी विजातीय सिकताकण से आरम्भ होता है, जो किसी प्रकार सम्पुट के भीतर प्रवेश पा लेने पर उसकी कोमलता में चुभ चुभ कर उसे द्रवित करता रहता है।

वस्तुतः प्राकृतिक परिवेश के साथ जैवी प्रकृति की स्थिति धरती और बीज की स्थिति है, जो एक का, दूसरे में रूप परिवर्तन है और जिसमें आदि से अन्त तक बीज को अपने नित्य के पोषण-परिवर्द्धन के लिए ही नहीं, अपनी स्थिति के लिए भी धरती की आवश्यकता रहती है।

मोती सीप में ढलकर बनकर भी उससे भिन्न हो जाता है और यह पृथकता ही उसकी महार्घता का कारण है। शुक्ति-सम्पुट में बन्द रहकर अतल समुद्र में

न उसे संज्ञा मिलती है, न मूल्य। इसके विपरीत बीज की, धरती के अन्धकार से बाहर आकर और वृक्ष के रूप में परिणत होकर भी, धरती के अतिरिक्त कोई स्थिति नहीं है। वह तो जिससे जन्म और पोषण पाता है, उसी से संघर्ष-रत रहकर बढ़ता है। शुक्ति से बाहर आकर मोती का महार्घ जीवन आरम्भ होता है और धरती छोड़ कर वृक्ष की निश्चित मृत्यु आरम्भ होती है।

यह नियम मानव-जीवन और उसके प्राकृतिक परिवेश के सम्बन्ध में और भी अधिक स्पष्ट हो जाता है, क्योंकि वह भूतप्रकृति में जैवी प्रकृति का श्रेष्ठतम रूप है। विकास की दृष्टि से महाकायता की गति लघुता की ओर और स्थूलता की सूक्ष्मता की ओर रही है। इसी नियम से किसी युग के विशालकाय जीव आज चिन्हशेष भी नहीं रह गए हैं।

मानव-जीवन जड़ और चेतना का ऐसा स्थायी सन्धिपत्र है, जिसमें पार्थिवता से वलयित चेतना ही को विशेषाधिकार प्राप्त है। शरीर से रहित चेतना चाहे आत्मभाव हो चाहे परमभाव, परन्तु, उसमें प्राण-स्पन्दन का अभाव ही रहेगा और चेतना से रहित शरीर चाहे वज्र हो चाहे मिट्टी, परन्तु उसमें विकासोन्मुख गति सम्भव नहीं रहेगी।

बौद्धिक होने के कारण मनुष्य ने कभी महाकायता को जीवन का गन्तव्य नहीं बनाया। अतः प्रकृति को कभी छेनी हथौड़ी लेकर उसे छोटा करने के लिए तराशना नहीं पड़ा, अन्यथा महाकाय जीवों के समान वह भी खण्ड खण्ड होकर बिखर जाता।

हृदयवान होने के कारण उसने अपने आदिम जीवन में ही जीवन से अधिक प्रिय मूल्यों का आविष्कार कर लिया और इस प्रकार अपने प्राप्त ही नहीं, सम्भाव्य मूल्यों के लिए भी वह बार बार जीवन देने लगा। परिणामतः अपने अनन्त सृजन का निरन्तर संहार करने वाली प्रकृति ने यदि उसे मिटाने का श्रम व्यर्थ समझा, तो आश्चर्य नहीं।

प्रकृति ने मानव के निर्माण के लिए यदि अपनी जैवी सृष्टि में असंख्य प्रयोग किये हैं तो मानव भी, उसे देवता बनाने के लिए अपनी मनोभूमि में भावसृष्टि द्वारा अनन्त प्रयोग करता आ रहा है। आज, 'पुत्रो अहं पृथिव्या' कहने वाले पुत्र के सम्बन्ध में धरती की स्थिति 'पुत्रात् इच्छेत् पराजयम्' द्वारा ही व्यक्त की जा सकती है।

मानव जाति कब उत्पन्न हुई, वह एक केन्द्र में उत्पन्न होकर पृथ्वी के भिन्न भिन्न खण्डों में फैल गई या भिन्न भिन्न भू-भागों में उत्पन्न होकर सामान्य विशेषताओं के कारण जाति की संज्ञा में बंध गई, आदि प्रश्न जीवन के समान ही रहस्यमय हैं और नृतत्वशास्त्री कभी इनका समाधान पा सकेंगे, यह संदिग्ध है।

संस्कृत भाषा में जाति शब्द का, इतना व्यापक और गहरा अर्थ है, जिसका पर्याय किसी अन्य भाषा में खोजना कठिन होगा। जाति न किसी देश विशेष से सम्बद्ध है और न किसी कुल वंश की संज्ञा है।

सामान्यतः वह उन जन्मगत विशेषताओं का संश्लिष्ट बोध है, जो बाह्य गठन से अन्तर्जगत तक फैली रहती हैं। मानव यदि जीव-जगत में, कुछ निश्चित शारीरिक और मानसिक विशेषताओं का संघात है, तो जाति शब्द शरीर और मानसिक दृष्टि से, उसी स्तर, श्रेणी या कक्षा के जीवों की समष्टि का संकेत देता है।

जहां तक बाह्य विशेषताओं का प्रश्न है, प्रकृति कभी आवृत्तिप्रिय नहीं रही है। व्यक्ति तो क्या, दो तृण तक बाह्य रूप में एक दूसरे से भिन्न मिलेंगे। परन्तु जैसे दो तरंगें अपने अपने उद्वेलन में भिन्न जान पड़ने पर भी, अपनी मूल जलीयता में एक रहती हैं, वैसे ही पुष्पों में पुष्पत्व और तृणों में तृणत्व एक रहेगा। मनुष्य जाति भी भिन्न भिन्न प्राकृतिक परिवेश से प्रभाव ग्रहण कर वर्ण, गठन आदि में विशेष होकर भी मानवीयता में सामान्य रहेगी। एक उष्ण भू-भाग का कृष्णवर्ण मनुष्य, एक शीत भू-भाग के गौर वर्ण वाले से, भिन्न जान पड़ने पर भी, मानव-सामान्य विशेषताओं में उसी जाति का सदस्य माना जायगा।

परिष्कार-क्रम तो जीवन की शपथ है, अतः प्रत्येक भूमिखण्ड के निवासी मानवों ने ज्ञात अज्ञात रूप से अपने विकास की ओर यात्रा आरम्भ की होगी, यह तो निश्चित है; परन्तु सबकी यात्रा के परिणामों का एक बिन्दु पर मिलना सन्दिग्ध रहेगा। नदियों का उद्गम एक हो सकता है, उनकी गतिशीलता भी निश्चित हो सकती है, परन्तु गन्तव्य और दिशा का, तटों से सीमित रहना अनिवार्य है। इसी कारण सभी भू-खण्डों की मानव-जाति एक साथ, बुद्धि और हृदय के संस्कार के एक ही स्तर पर नहीं पहुंच सकी।

संस्कृति शब्द से हमें जिसका बोध होता है, वह वस्तुतः ऐसी जीवन-पद्धति है, जो एक विशेष प्राकृतिक परिवेश में मानव निर्मित परिवेश सम्भव कर देती है और फिर दोनों परिवेशों की संगति में निरन्तर स्वयं आविष्कृत होती रहती है। यह जीवनपद्धति न केवल वाह्य, स्थूल और पार्थिव है और न मात्र आन्तरिक, सूक्ष्म और अपार्थिव। वस्तुतः उसकी ऐसी दोहरी स्थिति है, जिसमें मनुष्य के सूक्ष्म विचार, कल्पना, भावना आदि का संस्कार उसकी चेष्टा, आचरण, कर्म आदि के परिष्कार में व्यक्त होता है और फिर चेष्टा, आचरण आदि बाह्याचार की परिष्कृति उसके अन्तर्जगत पर प्रभाव डालती है।

सभ्यता, संस्कृति का पर्याय नहीं है, क्योंकि वह किसी मनुष्य के मात्र भद्राचार

या सभा के उपयुक्त आचार ही को व्यक्त करती है। प्रकारान्तर से यह विशेषता मनुष्य के अन्तर्जगत को स्पर्श कर सकती है, परन्तु प्रधानतः इसका क्षेत्र, मनुष्य का बाह्य आचरण है। प्रायः ऐसे उदाहरण मिल जाते हैं, जिनमें बाह्य रूप से शिष्ट व्यक्ति, हृदय और बुद्धि के संस्कार की दृष्टि से, असंस्कृत माना जा सकता है। कारण स्पष्ट है। संस्कृति मनुष्य की सहज प्रकृति के परिमार्जन से सम्बन्ध रखने के कारण मात्र बाह्याचार में सीमित नहीं हो पाती। अनेक बार जिसे हम ग्रामीण और सभ्य समाज के अनुपयुक्त समझते हैं, वह अपने अन्तर्जगत के परिष्कार की दृष्टि से संस्कृत मानवों की कोटि में आ जाता है।

मनुष्य की सहज प्रकृति और उसकी स्वार्जित संस्कृति में ऐसा अविच्छिन्न सम्बन्ध है, जिसमें एक की स्थिति में दूसरे की गति निहित है। दृष्टि के लिए जैसे वस्तु से रहित रंग की स्थिति नहीं होती, वैसे ही मूल प्रकृति के अभाव में, न विकृति में उसका अपकर्ष सम्भव है न संस्कृति में उसका सामंजस्यपूर्ण उत्कर्ष। इस प्रकार प्रकृति यदि गति का उन्मेष है, तो संस्कृति उस गति की दिशानिबद्ध संयमित मर्यादा का पर्याय।

मानव-समूह शून्य से किसी शून्य में अवतरित नहीं होता, वरन् वह विशेष भू-खण्ड के विशेष प्राकृतिक परिवेश में जन्म और विकास पाता है। पृथ्वी एक होने पर भी अनेक आकर्षण-विकर्षण से प्रभावित और विविध है, अतः तत्वतः एक होने पर भी मानव जाति को अपने पृथक परिवेशों के कारण भिन्न भिन्न समस्याओं का सामना करना और भिन्न समाधानों को स्वीकार करना पड़ता है।

यही विशिष्ट जीवन-पद्धति एक मानव-समूह को अन्य मानव-समूहों से भिन्न संज्ञा दे देती है। कालान्तर में एक विशेष प्राकृतिक परिवेश में विकसित मानव-समूह, अपने सम्पूर्ण परिवेशवलयित जीवन को, एक देश या राष्ट्र का व्यक्तित्व देकर, सामान्य मानव-जाति के भीतर एक उपजाति बन जाता है। व्यक्ति के व्यक्तित्व के समान ही उसका देश भी व्यक्तित्व सम्पन्न हो जाता है।

भौगोलिक परिवेश का मानव-जीवन के साथ ऐसा आत्मीय सम्बन्ध रहा है कि विरल जातियां ही धर्म या कुल के नाम से जानी जाती हैं। अधिकांशतः मानव-जाति और उसकी संस्कृति प्राकृतिक परिवेश से ही संज्ञा प्राप्त करती रही है। रूसी, चीनी, ईरानी, मिश्री आदि नामों से हम उक्त देशों के निवासियों को पहचानते हैं। किसी भी महादेश या लघुदेश में निवास करने वाली मानव उपजाति से उसकी धरती का सम्बन्ध इतना सार्वभौम समर्थन और पवित्रता पा गया है कि एक जाति के द्वारा दूसरी के देश को छीनने का प्रयत्न गर्हित और अनैतिक माना जाता है और ऐसा करने वाली मानव-जाति को, आक्रामक, अत्याचारी की संज्ञा दी जाती है।

अनेक बार सबल मानव-समूह ने इस नैतिक नियम को भंग किया है, परन्तु, वह कभी समग्र मानव-जाति के स्नेह और आदर का अधिकारी नहीं हो सका। शक्ति-संघर्ष की सफलता के उपरान्त भी विजेता और विजित की संस्कृतियों में संघर्ष होता रहा और इस गम्भीर संघर्ष में वही संस्कृति विजयिनी रही, जिसके पास जीवन के व्यापक मूल्य और उपलब्धियां थीं।

मानवजीवन की एकता में आस्थावान जाति के पास मानो सम्पूर्ण आकाश का विस्तार रहता है, जिस पर उसे विभाजित करने वाले, रंगीन बादलों के समान बनते मिटते रहते हैं।

मनुष्य और उसके परिवेश को विशेष व्यक्तित्व देने की दिशा में, उसकी जिज्ञासा अन्य वृत्तियों से अधिक क्रियाशील रही है। साधारण आहार की खोज से लेकर सूक्ष्म धर्म, दर्शन, साहित्य आदि की सभी उपलब्धियों के मूल में वही जिज्ञासा अथक रूप से सक्रिय रहती आई है। वह मूल्यों की खोज ही नहीं, उनकी निर्मात्री भी है; वह प्रकृतिदत्त अतृप्ति का समाधान ही नहीं देती, अतृप्ति की परम्परा भी बनाती चलती है। जैसे काठ में अग्नि की स्थिति पहले से है, घर्षण केवल उसे प्रत्यक्ष कर देता है, उसी प्रकार मानव की जिज्ञासा में चिर अतृप्ति का अंकुर अलक्ष्य रूप से विद्यमान रहता है, जो एक समाधान के सम्पर्क से अनेक की दिशा में क्रियाशील हो उठता है।

जिन पूर्वजों से हमें धर्म, दर्शन, साहित्य, नीति आदि के रूप में महत्वपूर्ण दायभाग प्राप्त हुआ है, उनके प्राकृतिक परिवेश के भी हम उत्तराधिकारी हैं। उनके पर्वत, वन, मरु, समुद्र, ऋतुयें आदि प्राकृतिक नियम से कुछ परिवर्तित अवश्य हो गए हैं, परन्तु तत्वतः उनकी स्थिति पूर्ववत् है और उनसे हमारे रागात्मक सम्बन्ध संस्कारजन्य ही नहीं स्वार्जित भी रहते हैं।

काल-समुद्र की असंख्य तरंग-भंगिमाओं को पार करता और सहस्रों झंझाओं के आघात को झेलता हुआ, जो साहित्य हम तक पहुँच सका है, वह हमारे अपराजेय पूर्वजों की संघर्ष-कथा ही नहीं, उनकी उग्र-प्रशान्त, कठिन-कोमल प्रकृति का उद्गीथ भी है। मेघ, आकाश समुद्र, नदी, उषा आदि के जो छन्दमय चित्र उनकी तूलिका ने आंके हैं, उनके इन्द्रधनुषी रंग अम्लान और उज्ज्वल रेखायें अमिट हैं। इतना ही नहीं उस चित्रशाला की हर रेखा, हर रंग में भारत की धरती की छवि उसी प्रकार पहचानी जाती है, जिस प्रकार अनेक दर्पण-खण्डों में प्रतिफलित एक मुखाकृति के अनेक प्रतिबिम्ब।

भारत ऐसा व्यक्तित्व-सम्पन्न राष्ट्र है, जिसके प्राकृतिक परिवेश में मानव-जीवन की विशिष्ट संस्कार-पद्धति रही है। जीवन के परिष्कार-क्रम में मनुष्य को

जो महत्वपूर्ण उपलब्धियां मिली हैं, उन्हें स्थूल रूप से धर्म, दर्शन, साहित्य, कला, शासननीति, आचार शास्त्र के शीर्षकों में विभाजित कर सकते हैं। परन्तु ये भिन्न जान पड़ने वाली उपलब्धियां एक ही संस्कृति-शरीर के अवयव होने के कारण मूलतः एक ही कही जायंगी। इसी कारण इन सबकी समग्रता भारतीय संस्कृति की संज्ञा में अन्तर्निहित है।

ये उपलब्धियां सम्पूर्ण भारत का दायभाग ही नहीं, मानवजाति का भी उत्तराधिकार हैं। अतः जिस प्राकृतिक परिवेश में ये प्राप्त हो सकीं हैं, उसके प्रति तीव्र जिज्ञासा स्वाभाविक है।

पृथ्वी, पर्वत, नदी, वन, समुद्र आदि का संघात है और इस संघात के प्रत्येक रूप को वेदकालीन मनीषा ने इतनी सजीव चित्रमयता दी है कि हमें वे परिचित ही नहीं आत्मीय जान पड़ते हैं।

हमारे और हमारे वेदकालीन पूर्वजों के बीच में समय का पाट कितना विस्तृत है, यह विभिन्न अनुमानों का विषय रहा है। विदेशी शोधकर्त्ता अपने पूर्वग्रह के कारण इसे ३५०० वर्ष से दूर नहीं ले जा सके, क्योंकि बाइबिल के अनुसार सृष्टि-रचना की अवधि ही ७५०० वर्ष के लगभग है।

अपने देश में अपौरुषेय कहकर वेदवाङ्मय सम्बन्धी जिज्ञासा ही कुण्ठित कर दी गई। इतना ही नहीं उसे ऐसी अद्‌भुत् पवित्रता से आच्छादित कर दिया, जो दूसरों को पवित्र करने के स्थान में स्वयं अपवित्र हो सकती थी। अतः हर क्षण उसकी पवित्रता की रक्षा में सन्नद्ध प्रहरियों ने उसे असूर्यंपश्य बना डाला। जब विदेशियों ने इस लक्ष्मण-रेखा को पार कर लिया, तब कुछ भारतीय विद्वानों ने भी साहस किया।

जिन्होंने विदेशियों का अन्धानुकरण मात्र न करके वेदवाङ्मय के सम्बन्ध में अपने स्वतन्त्र मत की, तर्कसरणि द्वारा स्थापना की है, उनमें लोकमान्य तिलक प्रमुख हैं। वे खगोल, ज्योतिष के सिद्धान्तों के आधार पर वेदवाङ्मय, ब्राह्मण-ग्रन्थ आदि के रचना काल के विषय में किन्हीं निष्कर्षों तक पहुँचे हैं।

ब्राह्मण ग्रन्थों के निर्माण-काल में कृत्तिका नक्षत्र प्रथम माना जाता था और उसी में दिनरात बराबर होते थे। आजकल सूर्य के अश्विनी नक्षत्र में रहने पर यह स्थिति होती है। इस परिवर्तन के लिए ४५०० वर्षों का दीर्घ समय लगा होगा।

वेदों के रचना काल में मृगशिरा नक्षत्र ही प्राथमिकता पाता था और सूर्य के इसी नक्षत्र में रहने पर दिन रात बराबर होते थे। मृगशिरा ही में वसन्त-सम्पात होता था, परन्तु यह स्थिति ६५०० वर्ष पूर्व ही सम्भव थी। इसी प्रकार के अन्तः साक्ष्य के आधार पर कुछ मन्त्रों का समय १९००० वर्ष पूर्व तक पहुंच गया है।

भूगर्भ शास्त्र के अनुसार पृथ्वी, पर्वत, समुद्र आदि के परिवर्तन के आधार पर भी कुछ महत्वपूर्ण निष्कर्ष प्राप्त हो सके हैं।

ऋग्वेद में पूर्व पश्चिम समुद्रों का भी उल्लेख मिलता है और चार समुद्रों का भी।

उभौ समुद्रावा क्षेति यश्च पूर्व उतापरः।
ऋक्० १०-१३६-५

(मुनि) दोनों समुद्रों के पास जाते हैं—एक वह जो पूर्व में है और दूसरा वह जो पश्चिम में है।

रायः समुद्रां श्चतुरोऽस्मभ्यं सोम विश्वतः।
आ पवस्य सहस्त्रिणः।
ऋक्० ९-३३-६

हे सोम! समृद्धि से पूर्ण चारों समुद्र और सहस्त्रों कामनायें हमें प्रदान करो।

केवल समुद्र का उल्लेख भी अनेक सूक्तों में अनेक बार आया है। सौ अरित्र (डांड) वाली नावों के वर्णन भी कम नहीं।

य ईङ्खयन्ति पर्वतात् तिरः समुद्रमर्णवम्।
मरुद्भिरग्न आ गहि।
आ ये तन्वन्तिरश्मिभिस्तिरः समुद्रमोजसा।
मरुद्भिरग्न आ गहि।
ऋक्० १-१९-७, ८

हे अग्ने! बादलों का संचालन करनेवाले और जलको समुद्र में गिराने वाले मरुतों के साथ आइए। हे अग्ने! सूर्यकिरणों के साथ सर्वत्र व्याप्त और समुद्र को अपने वल से आन्दोलित करने वाले मरुतों के साथ आइए।

अनारम्भणे तदवीरयेथामनास्थाने अग्रभणे समुद्रे।
यदश्विना ऊहथुर्भुज्युमस्तं शतारित्रा नावमातस्थिवांसम्।
ऋक्० १-११६-५

हे अश्विद्वय! निराधार समुद्र में पड़े हुए भुज्यु को तुमने सौ डांड़ों वाली नाव सहित गृह पहुंचा दिया। यह तुम्हारा पराक्रम है।

ऋग्वेदिक काल के चार समुद्रों में से, उत्तरी समुद्र की स्थिति, हिमालय के उपरान्त वाह्लीक और फारस के उत्तरी भाग से तुर्किस्तान के उत्तर-पश्चिम तक रही होगी, जिसके अवशेष रूप में कृष्णसागर, कश्यपहृद, अराल और वल्काशहृद् आदि की स्थिति है। समुद्र के उत्तर की भूमि ध्रुव प्रदेश तक फैली होगी।

दक्षिण समुद्र के अवशेष राजपूताना की सांभर झील और मरुप्रदेश में मिलते हैं। पश्चिमीय समुद्र अरब सागर से मिला होगा और पूर्वीय समुद्र की स्थिति हिमालय की तलहटी से लेकर आसाम तक रही होगी।

जिस प्राकृतिक कारण से हिमालय का जन्म हुआ, उसी से समुद्र भी हटे होंगे। फिर उसी क्रम से अधिक जल लाने वाली नदियों की यात्रा दीर्घ हो गई होगी, और कम जल वाली सिकता में खो गई होंगी।

भूगर्भवेत्ताओं के अनुसार इस प्रकार के परिवर्तन में २५,००० वर्ष से लेकर ७५,००० वर्ष तक लग सकते हैं। ऐसी स्थिति में वैदिक साहित्य के निर्माण काल के सम्बन्ध में 'न इति न इति' कहना ही उचित होगा। समय-सागर का यह अमाप विस्तार तब हमें विस्मय के चरम विन्दु तक पहुँचा देता है, जब हम अनुभव करते हैं कि इसकी हर लहर हमारी चिर परिचित है।

भौगोलिक रूपान्तरों ने भारत भूमि की तात्विक एकता को खण्डित नहीं किया है, इसी से वर्तमान प्राकृतिक रूप अतीत रूपों से उसी प्रकार सम्बद्ध है, जिस प्रकार हम अपने पूर्वजों से।

हिमालय के लिए हिमवत नाम ऋग्वेद और अथर्व में अनेक बार आया है। मूजवत पर्वत का जो उल्लेख ऋग्वेद, अथर्व, शतपथ ब्राह्मण आदि में मिलता है, उससे ज्ञात होता है कि वह गन्धार प्रदेश में स्थिति रखता था और उसके उत्तर रुद्र का स्थान था। महाभारतकार ने—

गिरे हिमवन्तः पृष्ठे मुंजवान नाम पर्वतः।
तप्यते तत्र भगवान तपो नित्यमुमापतिः।

कहकर इसे स्मरण किया है।

तैत्तरीय आरण्यक में तीन पर्वतों का उल्लेख है·

सुदर्शने क्रौंचे मैनागे महागिरौ।

पुराणों तथा महाभारत के अनुसार मैनाक कैलाश से उत्तर है और इसके निकट विन्दुसार सरोवर गंगा का उद्गम स्थल है।

वृहत्संहिता के अनुसार क्रौंच पर्वत मानसरोवर और कैलाश से दक्षिण है और इसी के रन्ध्र या दर्रे से हंस मानसरोवर पहुँचते हैं।

हिमालय की तीन श्रेणियाँ बाहुओं के समान पूर्व और पश्चिम छोरों तक फैली हुई हैं। बाहरी श्रृंखला में शिवालिक की श्रेणियाँ हैं, दूसरी में कश्मीर, कांगड़ा, कूर्मांचल आदि हैं और फिर महा हिमवन्त की श्रेणी में नन्दा देवी, त्रिशूली, गौरीशंकर आदि उन्नत शिखर हैं। इसी श्रेणी में तुंगनाथ, बदरी, केदार आदि की स्थिति है। वहीं कुवेर की अलकापुरी बसी है। बदरिकाश्रम के पास ही गन्धमादन पर्वत है, जिसे महाभारतकार ने अतिपरिचित बना दिया है।

इस श्रेणी में १८,००० से लेकर ३०,००० फुट तक ऊँचे हिमावृत शिखर हैं। पूर्व की श्रेणियों में लोहित क्षेत्र और ब्रह्मपुत्र की घाटी है। पश्चिमी सीमान्त के कृष्णगिरि (सुलेमान) और शर्यणावत क्षेत्र का ज्ञान भी ऋग्वेद के ऋषि को था।

संसार के किसी पर्वत की जीवन-कथा इतनी रहस्यमयी न होगी जितनी हिमालय की है। उसकी हर चोटी, हर घाटी हमारे धर्म, दर्शन, काव्य से ही नहीं, हमारे जीवन के सम्पूर्ण निश्रेयस् से जुड़ी हुई है।

जिस प्रकार गंगा-यमुना और अन्तःसलिला सरस्वती के विना हमारे महादेश के सजल पर रहस्यमय हृदय की कल्पना नहीं की जा सकती, उसी प्रकार अभ्रंकष हिमालय के विना देश के उन्नत मस्तक की कल्पना सम्भव नहीं है।

संसार के किसी अन्य पर्वत को मानव की संस्कृति, काव्य, दर्शन, धर्म आदि के निर्माण में ऐसा महत्व नहीं मिला है, जैसा हमारे हिमालय को प्राप्त है। वह मानो भारत की संश्लिष्ट विशेषताओं का ऐसा अखण्ड विग्रह है, जिस पर काल कोई खरोंच नहीं लगा सका।

वस्तुतः हिमालय भारतीय संस्कृति के हर नये चरण का पुरातन साथी रहा है। भारतीय जीवन उसकी उजली छाया में पलकर सुन्दर हुआ है, उसकी शुभ्र ऊँचाई छूने के लिए उन्नत बना है और उसके हृदय से प्रवाहित नदियों में घुलकर निखरा है।

प्राकृतिक परिवेश में परिवर्तन स्वाभाविक ही रहते हैं। जहाँ अतीत काल में गम्भीर वेगवती नदियाँ थीं, वहाँ जलते ताम्रपत्र जैसा दृष्टि को झुलसा देने वाला मरु का विस्तार है। जहाँ अतल समुद्र था, वहाँ समविषम समतल गर्त्त निकल आये हैं। ऋतुयें बदल गई, वनस्पतियों में परिवर्तन हो गया है और ग्रह-नक्षत्रों की गति में अन्तर आ गया है। परन्तु वैदिक युग से अधुनातन युग तक हिमालय से भारतीय जीवन का रागात्मक सम्बन्ध उत्तरोत्तर गहरा ही होता आ रहा है। यह गहराई इस

सीमा तक पहुँच गई है कि हिमालय को कभी न देख पाने वाला भी उससे दूरी का अनुभव नहीं करता।

जीवन के अतल समुद्र से अपनी विशिष्ट मेधा के साथ उठने वाले वैदिक मानव के समान ही, पृथ्वी के किसी कम्पन के कारण जल राशि से हिमालय भी ऊपर उठा होगा। पृथ्वी और पर्वत दोनों में वह विस्फोट-जनित कम्पन कुछ समय शेष रही होगी, इसी से ऋषि कहता है—

यः पृथिवीं व्यथमानामदृं दद्यः पर्वतान्प्रकुपितां अरम्णात।
यो अन्तरिक्षं विममेवंरीयो यो द्यामस्तभ्नात्स जनास इन्द्र ॥

ऋक्० २-१२-२

जिसने व्यथित (हिलती हुई) पृथ्वी को दृढ़ किया, जिसने क्षुब्ध पर्वतों को शान्त किया, जिसने विस्तृत अन्तरिक्ष को फैलाया और जिसने आकाश को स्थिर किया, हे जनो ! वह इन्द्र है।

पर्वतों के पंखों की पौराणिक कथा के मूल में भी यही कम्पन रही होगी।

किसी भी देश के मानव समूह के पास वैदिक वाङमय के समान प्राचीन और समृद्ध वाङमय नहीं है। इतना ही नहीं किसी भी भू-खण्ड का मानव गर्व के साथ यह घोषणा नहीं कर सका है—

माता भूमिः पुत्रो अहं पृथिव्याः

—अथर्व

भूमि माता है। मैं पृथिवी का पुत्र हूँ।

आश्चर्य नहीं कि इस प्रकार कहने वाले को पर्वत, वन, नदी आदि सहोदर सहोदरायें जान पड़ें।

गिरयस्ते पर्वतः हिमवन्तोऽरण्यं ते पृथिवि स्योनमस्तु।

—अथर्व

हे पृथ्वी। तेरे पर्वत, तेरे हिमावृत शैल, तेरे अरण्य सुखदायक हों।

धरती का सौन्दर्य उन्हें इतना प्रिय था कि वे उसे अनन्त काल तक देखते रहने की कामना करते थे—

यावत् तेभि पश्यामि भूमे सूर्येण मेदिना।
तावन्मे चक्षुर्मामिष्टोत्तरामुत्तरां समाम्।

—अथर्व

हे भूमि ! प्रकाशित सूर्य के साथ जब तक तेरी ओर देखता रहूँ, तब तक वर्षवर्षान्तर तक मेरी दृष्टि क्षीण न हो।

आज के वैज्ञानिक युग में, जब मनुष्य पृथ्वी से सब कुछ लेकर भी उसे नष्ट करने के साधन खोजता रहता है, वैदिक मानव की यह भावना विस्मय-जनक है—

उदीराणा उतासीनास्तिष्ठन्तः प्रक्रामन्तः।
पदभ्यां दक्षिणसव्याभ्यां मा व्यथिष्महि भूम्याम्।

० ० ०

मा ते मर्म विमृग्वरि मा ते हृदयमर्पिपम्।
—अथर्व

उठते हुए, बैठते हुए, खड़े हुए और दक्षिण वाम पैरों से बढ़ते हुए हम भूमि को व्यथा (पीड़ा) न पहुँचायें।
हे पवित्रकरने वाली ! मैं तेरे मर्म को, तेरे हृदय को आघात न पहुँचाऊँ।

परन्तु इतनी भावुकता उन्हें बल से विरक्त नहीं बना देती :

अजीतोऽहतो अक्षतोऽध्यष्ठां पृथिवीमहम्।

मैं अपराजित, अक्षत अमर होकर पृथ्वी पर अधिष्ठित रहूँ।

सानो भूमिस्त्विषिं बलं राष्ट्रे दधातूत्तमे।

वह पृथ्वी हमारे सर्वोत्कृष्ट राष्ट्र में ओज और शक्ति उत्पन्न करे।

हिमवन्त और भारत भूमि के प्रति इसी गम्भीर अनुराग का संस्कार लेकर युगयुगान्तर तक नवीन पीढ़ियाँ आती रहीं हैं। ऋग्वेद के ऋषि का हिमवन्त, आदि-कवि वाल्मीकि के युग तक पहुँचते पहुँचते शैलेन्द्र का विशेष व्यक्तित्व पा लेता है। महाभारतकार उसे स्मरण ही नहीं करता, प्रत्युत्, हिंसाजनित विजय से क्षुब्ध पाण्डवों को उसके हिमशीतल अंक में समाधिस्थ कर देता है।

कविगुरु कालिदास के काव्यों में तो हिमालय सुख-दुःख के अनन्त उच्छ्वासों में स्पन्दित हो उठता है। उससे जन्म पानेवाली पार्वती धरती तपश्चरण द्वारा ही शिव को वरण करके अपराजेय कुमार को जन्म देती है।

तब से आज तक यह 'शिव के पुंजीभूत अट्टहास' सा उज्ज्वल पर्वत भारतीय साहित्य, कला आदि का सहचर रहा है। इस पर दृष्टि पड़ते ही कवि के हृदय में अनन्त भावनाओं की घटायें उमड़ आती हैं और चित्रकार की आँखों से विविध रंगमय स्वप्न बरस पड़ते हैं। मूर्तिकार को इसमें जीवन की विराटता प्रत्यक्ष हो

जाती है, स्वरकार के आरोह-अवरोह इसकी परिक्रमा करने लगते हैं और नृत्यकार इसमें महाकाल के ताण्डव और लास्य की चाप सुन लेता है।

आकाश के इन्द्रनील वितान के नीचे चांदनी को जमा कर बनाए गए से शिखर भारत का ऐसा मुकुट जान पड़ते हैं, जिन पर किरणें केशर के फूलों के समान बरसती रहती हैं।

भारतीय कल्पना ने इस विराट सौन्दर्य में शिवत्व की भावना की और इसकी सहचारिणी की खोज करते करते ही मानो तीन अतल समुद्रों के मिलन-सीमान्त पर खड़ी कन्याकुमारी को चिरन्तन स्वयम्वरा बना दिया है।

यह स्वाभाविक भी था, क्योंकि विराट अचलता का साथ असीम चंचलता ही दे सकती है, और अनन्त कोलाहल का उत्तर अनादि स्तब्धता में ही मिल सकता है।

हिमालय को हमने दुर्लंध्य माना है, अलंध्य नहीं। अनेक बार स्नेह-तरल हृदय से हौले पग रखते हुए जिज्ञासु इसे पार कर आये हैं, अनेक बार अस्त्रशस्त्रों की झंकार से इसकी समाधि तोड़ते हुए दर्पस्फीत अहंकारी शत्रु भी इसे लांघ आये हैं। जो जिस प्रकार का अतिथि बनकर आया, इस भूमि के निवासियों ने उसकी अभ्यर्थना भी उसी प्रकार के उपकरणों से की। युद्ध में, प्रणम्य शत्रु को, हमारे प्रणाम भी वाण की नोक पर गए हैं।

मानसरोवर तथा कैलाश को भारतवासी अपने महादेश का पवित्रतम भाग मानता रहा है और प्रत्येक युग में कवियों ने उसके स्मरण से अपने काव्य को पवित्र बनाया है। वह शिव का आवास ही नहीं जीवन की शिवता का भी प्रतीक है। जैसे जैसे सप्तसिन्धवः की संस्कृतिवाहिनी आगे बढ़ती गई, अन्य पर्वत भी उसकी आत्मीयता की सीमा में आते गए।

अनेक पौराणिक कथाओं का केन्द्र पुरातन विन्ध्य, राजस्थान का अर्बुद्, विन्ध्य के दक्षिण का ऋक्ष (सतपुड़ा की श्रेणियाँ) शुक्तिमान की पहाड़ियाँ, दक्षिणापथ के सह्याद्रि, मलय आदि से मानो एक विशाल पर्वत-परिवार ही स्थापित हो गया, जिसमें सब मिलकर ही भू-भृत् का कर्त्तव्य संभालते हैं।

भारत नदियों की दृष्टि से भी बहुत समृद्ध रहा है। उसकी संस्कृति का आरम्भ और विकास नदियों के तटों पर ही हुआ है, अतः उनके प्रति भक्ति भाव उसकी संस्कृति की विशेषता वन गया है।

वैदिक वाङमय में अनेक नदियों के नाम आये हैं, जिनमें कुछ के नामों में परिवर्तन हो गया है और कुछ अव अफगानिस्तान के सीमाक्षेत्र में हैं। परन्तु अधिकांश नदियाँ हमारी जानी पहचानी ही नहीं, शरीर की रक्तवाहिनी शिराओं के समान, जीवन और संस्कृति की वाहिनी भी हैं।

पुराण तो कई सौ नदियों की सूची देते हैं, परन्तु ऋग्वेद में उल्लिखित नदियों की संख्या भी कम नहीं है। अष्टक ऋषि (विश्वामित्र के पुत्र) सप्त आप के अतिरिक्त अन्य ९९ नदियों की चर्चा करते हैं—

नवति नव च स्रोत्या स्रवन्ती।
ऋक्० १०-१०४-८

(निन्यानबे बहती हुई नदियाँ)

सप्त सिन्धु का उल्लेख अनेक बार हुआ है। तत्कालीन प्रमुख नदियों में गंगा, यमुना, सरस्वती, शुतुद्री (सतलज), परुष्णी (रावी), अक्सिनी (चिनाब), वितस्ता (झेलम), आर्जिकाया (व्यास), सिन्धु, सुषोमा (सोहान), मरुद्वृधा, तृष्टामा रसा, श्वेत्या (शोण), कुभा (काबुल), गोमती (गोमल), क्रमु (कुर्रम), मेहत्नु दृषद्वती की चर्चा बार बार होती रही है।

जलवायु के परिवर्तन से उत्पन्न वर्षण अवर्षण का प्रभाव नदियों पर विशेष रूप से पड़ता है। पृथ्वी के कम्पन से भी इनकी गति और स्थिति में परिवर्तन स्वाभाविक हो जाता है। आज अराल सागर में गिरनेवाली वक्षु नदी पहले कश्यप ह्रद में गिरती थी।

जिस सरस्वती की स्मृति में वैदिक ऋषि की कल्पना सुन्दर छन्द-रचना में व्यक्त हुई है, वह पहले राजपूताना में स्थित समुद्र में गिरती थी। जब समुद्र पीछे हटा और पर्याप्त मिट्टी न पड़ सकने के कारण वहाँ मरु का विस्तार मात्र रह गया, तब वह महानदी तन्वी होते होते सिकता में खो गई। दृषद्वती सरस्वती के समानान्तर बहते हुए उसी में मिल जाती थी। ये दोनों ही सरितायें जो यज्ञ का प्रमुख स्थान थीं, कालान्तर में प्राकृतिक कारणों से लुप्त हो गईं। परन्तु संस्कारजन्य स्नेह और श्रद्धा के कारण भारतीय मानस सरस्वती को अन्तःसलिला कहकर और त्रिवेणी में उसकी स्थिति मानकर आज भी प्रसन्न होता है।

क्रमशः प्रसार के कारण जब दक्षिण की नदियाँ परिचय की सीमा में आ गईं, तब से भारतीय जन-मानस प्रत्येक संकल्प के अवसर पर सम्पूर्ण भारतवर्ष का ही स्मरण नहीं करता, वह

गंगे च यमुने चैव गोदावरि सरस्वति।
नर्मदे, सिन्धु, कावेरि जलेऽस्मिन सन्निधिं कुरु॥

कहकर पवित्र होता है।

प्राकृतिक परिवेश की विविध रंग-रूप-रसमय सजीवता ने एक ओर वैदिक

वाङमय को स्थूल से सूक्ष्मतर होने वाला अक्षय सौन्दर्य-बोध दिया और दूसरी ओर मानव जिज्ञासा को प्रत्यक्ष समाधान से गूढ़तम दार्शनिक सरणियों तक अनन्त विस्तार दे डाला।

प्रकृति के सौन्दर्य की निश्चित रेखाओं ने यदि उन पर चेतना का आरोप सहज कर दिया, तो आश्चर्य नहीं। यह आरोप स्थूल सादृश्य से चलकर सूक्ष्मता की उस सीमा तक पहुँच गया, जहाँ वह सर्ववाद के रूप में विश्वात्मा का प्रतीक बन गया।

नदी, वन, पर्वत आदि के यथातथ्य चित्रों की पृष्ठभूमि में ऋषि का जो सूक्ष्म निरीक्षण है, वही उसे बाह्य रूपरेखा में अन्तर्निहित सामञ्जस्य को देखने की क्षमता देता है।

जो वेगवती सिन्धु की स्पष्ट रेखायें आंकता है, अरण्यानी को चिर-परिचित रूप में छन्दायित करता है, वही उषा, वरुण आदि के अतीन्द्रिय सौन्दर्य का भावन करता है, जीवन और सृष्टि के विषय में गूढ़ जिज्ञासाओं को वाणी देता है।

सिन्धु के लिए ऋषि कहता है—

ऋजीत्येनी रूशती महित्वा परिज्रयांसि भरते रजांसि।
अदब्धा सिन्धुरपसामपस्तमाश्वा च चित्रा वपुषीव दर्शता।

ऋक्० १०–७५–७

सिन्धु की गति सरल है। वह श्वेतवर्णा और दीप्तिमती है। वह अहिंसित वेग युक्त जल को सर्वत्र पहुँचाती है। सिन्धु (वेग में) अश्विनी के समान अद्‌भुत और (तरंग-भंगिमा में) रूपवती स्त्री के समान दर्शनीया है।

इसी प्रकार सरल स्पष्टता से वह अरण्यानी का चित्र आंकता है —

वृषारवाय वदते यदुपावति चिच्चिकः।
आघाटिभिरिव धावन्नरण्यानि महीयते॥

ऋक्० १०–१४६–२

इस घने वन में कोई जन्तु बैल के समान शब्द करता है। कोई चीं चीं करके मानो उसका उत्तर देता है। ऐसा जान पड़ता है मानो वीणा के भिन्न स्वरों में बोलकर अरण्यानी की महिमा गाते हैं।

दार्शनिक सूक्ष्मता के व्यापक आकाश के नीचे भारतीय जीवन अरण्य-संस्कृति अथवा हलधर पृथ्वीपुत्र की संस्कृति का विकास करता रहा है। यह संस्कृति अपने कर्म-जगत की धरती से बंधी रहे, यह अनिवार्य हो जाता है।

गहन हरित कान्तार, सरिताओं का नील-रजत शिराजाल, विस्तृत बहुरंगी

समतल, विविध वृक्ष-पशु-पक्षियों की संसृति आदि भारतीय मानव के साथ साथ समय की तरंगों पर झूलते, तिरते, निखरते चले आ रहे हैं।

वैदिक काल के अश्वत्थ (पीपल), शमी (छेंकुर), शिंशपा (शीशम, अशोक) शाल्मलि (सेंमर), पलाश (टेसू) आदि अनबोए, अनसींचे, आज भी ग्रामों की सीमा और नगर भागों के प्रहरी बने हुए हैं।

इक्षु मधु आज भी सुलभ हैं। यव, व्रीहि, गोधूम आदि धान्यों की हरीतिमा में आज भी धरती का अंचल लहराता है।

पशुओं में गो, अश्व, मेष, महिष, कुक्कुर आदि नित्य परिचित ग्राम-पशुओं से लेकर विजनवासी हस्ति, गौरमृग, कृष्णसार, कस्तूरीमृग आदि तक सब इस धरती के पूर्ववत संगी हैं।

इसी प्रकार अनदेखे हंस, क्रौंच, चक्रवाक से लेकर प्रत्यक्ष शुक, शकुनि (काक) आदि विविध पक्षि-जगत से और वृश्चिक, सर्प जैसे दंशनप्रिय जन्तुओंसे हमारे जीवन का चिर परिचय है।

दादुर वैदिक ऋषि को ही वेदपाठियों का स्मरण नहीं कराता था, आज भी नदी पोखरों में उसकी स्वरलहरी उठती गिरती रहती है।

गो के प्रति भारतीय की जो संस्कार-जन्य श्रद्धा है,उसका अंकुर ऋग्वेद के प्रसिद्ध गो सूक्त में खोजा जा सकता है।

आ गावो अग्मन्नुत भद्रमक्रन्त्सीदन्त गोष्ठे रणयन्त्वस्मे।
प्रजावतीः पुरुरूपा इह स्युरिन्द्राय पूर्वीरुषसो दुहानाः।

ऋक्० ६–२८–१

गौयें हमारे गृह आवें, हमारा मंगल साधन करें। वे हमारे गोष्ठ (गोशाला) में विराजें। हमें आनन्द दें। वे प्रजावती हों। विविध सुन्दरवर्णवाली गायें उषा काल में इन्द्र के लिए दुग्ध प्रदान करें।

ऋषि इस उपयोगी पशु की पूजा अर्चा करके ही कर्त्तव्य समाप्त नहीं कर देता, वरन् उसके सुखपूर्वक जीवन की भी व्यवस्था करता है—

प्रजावतीः सूयवसं रिशन्तीः शुद्धा अपः सुप्रपाणे पिवन्तीः।
मा वः स्तेन ईशत माघशंसः परि वो हेती रुद्रस्य वृज्याः।

ऋक्० ६–२८–७

हे प्रजावती गौओं! तुम शोभन जौ (तृण) का भक्षण करो। सुन्दर प्रपानक (जलाशयों) में निर्मल जल पियो। तुम्हें तस्कर कष्ट न पहुँचाये, हिंसक पशु आक्रमण न करे। चोट पहुँचानेवाले आयुध तुम्हें स्पर्श न करें।

गो को अदिति (आदित्यों की माता) स्वरूप मानकर उसे अघन्या (अवध्य) कहा गया है।

गां मा हिंसीरदितिं विराजम्––अदिति रूप गौ की हिंसा मत करो। गोघातक प्राणदण्ड का भागी होता था।

उपयोगिता, वेग और दर्शनीयता की दृष्टि से अश्व का जो उत्कर्ष हुआ था, वह भी विविध और विस्मयजनक है। वह त्वरा और ओज का ही प्रतीक नहीं है, वरन् प्रकृति के रौद्र-चंचल और शान्त-संयमित दोनों रूपों का वाहक है। पर्वतों को कम्पित करने वाले मरुतों के वाहन भी अश्व हैं और उषा, सूर्य आदि को ऋत्-मार्ग में लाने वाले रथ के वाहक भी अश्व हैं। उनके चित्र वर्ण, उनके ओज, उनके हिरण्यमय साज और विद्युत जैसी दीप्त कशाओं के वर्णन स्पष्ट और काव्यात्मक हैं।

क्रमशः स्पष्ट प्रकृति-चित्रों का स्थान ऐसे भावचित्र ले लेते हैं, जिनमें सूक्ष्म सौन्दर्यबोध के साथ किसी शाश्वत् अलक्ष्य ऋत् का भी संकेत प्राप्त होने लगता है।

एषा दिवो दुहिता प्रत्यदर्शि
ज्योतिर्वसाना समना पुरस्तात्।
ऋतस्य पन्थामन्वेति साधुं प्रजानतीव
न दिशो मिनाति।
ऋक्० १–१२४–३

यह आकाश की पुत्री, आलोकवसना उषा प्रत्यक्ष उदित हुई। यह ऋत् (नियम) का अनुसरण करती हुई सब दिशाओं का ज्ञान रखती है (उन्हें अन्धकाराच्छन्न नहीं रहने देती)।

व्यक्तिगत रागात्मक सम्बन्ध के परिचायक वरुणसूक्त हैं, जिनमें आगामी युगों में विकास पानेवाले रहस्यवाद के अंकुर स्पष्ट हैं––

क्वत्यानि नो सख्या बभूवुः सचावहे यदवृकं पुराचित्।
बृहन्तं मानं वरुण स्वधावः सहस्रद्वारं जगमा गृहं ते॥
ऋक्० ७-८८-५

हे वरण योग्य! हमारा वह पुरातन सख्य क्या हुआ? पूर्वकाल में जो हमारी मित्रता हुई थी, हम उसी का निर्वाह करें। हे महान् स्वामी! तुम्हारे सहस्रों द्वार वाले गृह में मैं आऊँगा।

प्रकृति की जिस विविधता में उन्हें अनेक देवों का बोध हुआ था, उसी में उन्होंने एकत्व की अनुभूति प्राप्त की :

पुरुष एवेदं सर्वं यदभूतं यच्च भाव्यम्।
उतामृतत्वस्येशानो यदन्नेनातिरोहति ।।

ऋक्० १०-१०-२

यह सब कुछ वह पुरुष ही है-ये जो भूत (उत्पन्न हो चुके हैं) और जो होने वाले हैं। वह अमृत का स्वामी और अन्न से सर्वोपरि है।

प्रकृति के उग्र रूपों के प्रति भी उनकी रागात्मिका वृत्ति केवल भय की नहीं थी, क्योंकि उस स्थिति में मानव केवल अन्धविश्वास के अन्धकार का बन्दी हो जाता है। उग्र रुद्र रूपों में सौन्दर्य और शिवत्व की अनुभूति केवल भीति या आतंक से सम्भव नहीं है।

रुद्र जैसे उग्रता के प्रतीक देवता की कल्पना का शिव और शंकर में पर्यवसान, यही प्रमाणित करता है कि वैदिक मनीषा को प्रलय में भी सौन्दर्य की स्थिति का बोध था।

दिवो बराहमरुषं कर्पादिनं त्वेषं रूपं नमसानिह्वामहे।
हस्ते विभ्रद् भेषजा वार्याणि शर्म वर्म छर्दिरस्मभ्यं यंसत ।।

ऋक्० १–११४–५

हम आकाश के घोर रूप वाले, पिंगल जटाधारी महान् तेजोमय रुद्र का नमस्कार पूर्वक आह्वान करते हैं। वे वरणीय भेषज हाथ में लेकर हमें सुखी करें। अपने रक्षा-कवच से हमें निर्भय करें।

इसी प्रकार मरुतों के रौद्र वेग से भी ऋषि परिचित है—

को वो वर्षिष्ठ आ नरो दिवश्चग्मश्च धूतयः।
यत्सीमन्तं न धूनुथ।
नि वो यामाय मानुषो दध्र उग्राय मन्यवे।
जिहीत पर्वतो गिरिः।

ऋक्० १–३७–६,७

आकाश पृथ्वी को कम्पित करनेवाले मरुतों तुम में श्रेष्ठ कौन है? तुम वृक्ष की शाखाओं के समान दिशाओं (पर्वतों) को झकझोर देते हो।

परन्तु इस उग्रता के लिए भी ऋषि की शुभकामना दृष्टव्य है—

स्थिरा वः सन्त नेमयो रथा अश्वास एषाम् सुसंस्कृता अभीशवः।
ऋक्० १–३८–१२

हे मरुत गण ! तुम्हारे रथचक्रों की नेमि और धुरी दृढ़ हो, तुम्हारी वल्गा स्थिर हो। तुम्हारे अश्व संयत रहें।

ये विविध रागात्मक अनुभूतियाँ क्रमशः कवि को उस तत्वगत जिज्ञासा की ओर ले जाती हैं, जिससे उपनिषद् काल की उदात्त चिन्तन-पद्धति ही नहीं, भारतीय दर्शन की विविध दिशायें आविष्कृत होती रही हैं—

नासदीय सूक्त उदात्त तत्त्व-चिन्तन को जन्म देनेवाली जिज्ञासा का ऐसा रूप है, जो अपनी चिरन्तनता में भी चिर नवीन लगता रहा है—

नासदासीन्नो सदासीत्तदानीं नासीद्रजो नो व्योमापरो यत।
किमावरीवः कुहकस्यशर्मन्नम्भः किमासीद् गहनं गभीरम्।
ऋक्० १०-१२९-१

उस समय (सृष्टि के आरम्भ में) न सत् था न असत् था। पृथ्वी भी नहीं थी, आकाश और आकाश से परे परम व्योम भी नहीं था। आवरण से कौन आच्छन्न था, किसका कहाँ स्थान था? क्या उस समय अगाध गम्भीर जल ही जल था?

इयं विसृष्टिर्यत आवभूव यदि वा दधे यदि वा न।
यो अस्याध्यक्षः परमे व्योमन्त्सो अंग वेद यदि वा न वेद॥
ऋक्० १०-१२९-७

यह अनेक प्रकार की सृष्टि कहाँ से उत्पन्न हुई? किसने सृष्टि रचना की और किसने नहीं की, यह सब वही जानते होंगे जो इसके स्वामी और परम व्योम में स्थिति रखते हैं। हो सकता है वे भी न जानते हों।

इन समस्याओं के समाधान की दिशा में जो असंख्य अन्वेषण हुए, उनका अंकुर भी उन्हीं जिज्ञासुओं के मनोजगत में पहले अंकुरित हुआ।—

कामस्तदग्रे समवर्तताधिमनसो रेतः प्रथमं यदासीत्।
सतो बन्धुमसति निरविन्दन हृदि प्रतीष्या कवयो मनीषा॥
ऋक्० १०-१२९-४

सर्वप्रथम उसके मन में काम (इच्छा) उत्पन्न हुआ। उसी से सर्वप्रथम सृष्टि का उत्पत्ति-कारण (बीज) निकला। कवि मनीषियों ने अपने अन्तःकरण में विचार करके बुद्धि द्वारा जो अविद्यमान वस्तु थी उसे विद्यमान वस्तु का उत्पत्ति-कारण माना।

साहित्य यदि संस्कृति का अक्षय वसन्त है, तो जीवन-दर्शन को, उसका धरती की गहनता में छिपा मूल कहा जा सकता है। ऐसी किसी संस्कृति की कल्पना कठिन है, बिना किसी विशेष जीवन-दर्शन के अविच्छिन्न गति और सनातन आयु का वरदान पा सकी हो।

भारतीय चिन्तन की पद्धतियाँ भारत के प्राकृतिक परिवेश की कितनी ऋणी हैं, यह उनके तत्वतः अध्ययन से स्पष्ट हो जाता है। प्रकृति के भिन्न और कभी कभी परस्पर विपरीत रूपों ने जिस प्रकार मानव अन्तःकरण में, अनेक देववाद की उद्-भावना, स्वाभाविक कर दी थी, उसी प्रकार उन विभिन्न रूपों में स्पन्दित जीवन ने, भिन्न अंग-प्रत्यंग वाले शरीर के समान सबमें एकत्व का बोध भी अनिवार्य कर दिया। 'सर्व खल्विदं ब्रह्म'-यह सब कुछ ब्रह्म है और 'एकं सद विप्रा बहुधा वदन्ति'–उस एक को विद्वान् अनेक नामों से पुकारते हैं, मानो एक ही चित्र के दो ओर हैं।

भारत की प्रकृति अजस्र वरदानमयी है, अतः उसके वात्सल्य की छाया में मानव-हृदय को जीवन के ही नहीं, प्रकृति के भी सब रूप आत्मीय और सहजात जान पड़े। ऋग्वेद से गीता तक पहुँच कर, फिर निर्गुण-सगुण भावधाराओं में अनेकता पाने वाले सर्ववाद या सर्वात्मवाद की कथा, जीवन के कितने लक्ष्य अलक्ष्य तटों को छू आई है, यह बताने की आवश्यकता नहीं है।

वेदान्त दर्शन यदि अखण्ड चेतना के चिर एकाकीपन की एकरस कथा है, तो सांख्य दर्शन निर्विकार पुरुष और चिर परिवर्तनशीला प्रकृति का मधुर द्वन्द्वगीत है।

काव्य में जो तत्व सौन्दर्य की सीमा में बंध गया है, वही दर्शन में सत्य के रूप में मुक्त हो सका है और पुनः वही नैतिक धरातल पर शिव की परिभाषा में अवतरित हुआ है।

भारतीय संस्कृति विविधतामयी है, क्योंकि भारतकी प्रकृति अनन्तरूपा है। वह समन्वयवादिनी है, क्योंकि प्रकृति सबको स्वीकृति देती है। किसी एक विचार, एक भावना और एक धारणा की सीमा उसके लिए बन्धन है, क्योंकि वह असंख्य नदियों-स्रोतों को अपने में मुक्ति देनेवाला समुद्र है।

अपने विशेष प्राकृतिक परिवेश से किसी मानव-समूह के कालसिद्ध आत्मीय तथा रागात्मक सम्बन्ध की शासन-परक स्वीकृति ही उसकी राष्ट्रीयता की संज्ञा पा लेती है।

राष्ट्र शब्द भी हमें अपने वेदकालीन पूर्वजों से प्राप्त हुआ है और उक्त संज्ञा के साथ जो प्राकृतिक परिवेश और उसमें अंतर्निहित रागात्मक भावना है, वह भी हमारा परम्परागत उत्तराधिकार मानी जायगी।

राष्ट्र भावना का देश विशेष में वही स्थान रहता है जो भिन्न अवयव वाले

शरीर में चेतनाकेन्द्र का होता है। पांव के नीचे आ जाने वाले अंगारे की जलन या फूल का स्पर्श-पुलक दोनों की अनुभूतियां जैसे मस्तिष्क का चेतनाकेन्द्र सारे शरीर में पहुँचा देता है, एक अंग की पीड़ा या पुलक को सम्पूर्ण शरीर की बना देता है, उसी प्रकार राष्ट्रीयता प्रत्येक सुख-दुःखात्मक स्थिति को विशेष भूमिखण्ड की मानवसमष्टि में व्यापकता दे देती है।

सामान्य विश्वभावना या विश्वमानवता से उसका विरोध सम्भव नहीं है, क्योंकि ये विभिन्नतायें उसी एकता से उत्पन्न और तत्वतः एक हैं। नदियों का समुद्र से विरोध सम्भव नहीं, क्योंकि उनका सामान्य गन्तव्य वही है। समुद्र में कोई नदी तटों के साथ प्रवेश नहीं करती, परन्तु समुद्र तक पहुँचाने के साधन रूप में वह तटों को साथ लाती है।

भारतराष्ट्र शब्द में भारतभूमि, उसके निवासी और उनकी संस्कृति तो अन्तर्निहित है ही, उक्त संज्ञा से वे विश्व की राष्ट्रसमष्टि में अपनी स्थिति का बोध भी करते हैं और दूसरों को अपना परिचय भी देते हैं।

राष्ट्र के समान स्वराज्य शब्द भी प्राचीन है। वैदिक मनीषा को स्वराज्य ही नहीं, साम्राज्य, महाराज्य, पारमेष्ठिराज्य आदि आठ शासन-तन्त्रों का बोध था, परन्तु उनकी अपनी प्रिय शासन-पद्धति गण-तान्त्रिक और स्वराज्यमयी थी, जिसमें व्यक्ति समष्टि को समर्पित रहता था। इसी से ऋषि कहता है––

आ त्वाहार्षमन्तरेधि ध्रुवस्तिष्ठा विचाचलिः।
विशस्त्वा सर्वा वांछन्तु मा त्वद्राष्ट्रमधिभ्रशत्॥

ऋक्० १०-१७३-१

तुम्हें राष्ट्रपति बनाया। तुम इस देश में अटल, अविचल स्थिर रहो। विश (जन) तुम्हें चाहें। तुम्हारे राष्ट्र का ह्रास न हो।

विश (जन) में भी सबकी एकान्त अभिलाषा थी :

व्यचिष्ठे वहुपाय्ये यतेमहि स्वराज्ये।

ऋक्० ५-६६-६

बहुमत से रक्षित इस अपने विस्तृत स्वराज्य के हित के लिए हम यत्न करें।

अहमस्मि सहमान उत्तरोनाम भूम्याम्।
अभीषाऽस्मि विश्वाषाडाशामाशां विषासहिः॥

अथर्व० १२-१-५४

अपनी भूमि के लिए और उसका दुःख दूर करने के लिए म सब प्रकार के कष्टों का वरण करता हूं—वे कष्ट चाहे जिस दिशा से आवें और चाहे जिस समय आवें।

उनके स्वराज्य में समिति (बड़ी सभा) और सभा (छोटी सभा) का विशेष महत्व है। राष्ट्रपति या गणपति का निर्वाचन पुर्निर्वाचन तो समिति करती ही थी, आवश्यकता होने पर उसे पदच्युत भी करती थी।

ऋग्वेद के दसवें मण्डल के भाषा-सूक्त तथा संज्ञान या एकमत्यसूक्त भी विशेषता रखते हैं। एक में सार्थक वाणी और उसके द्वारा प्रेषित ज्ञान की ऐसी व्याख्या है जो चिर नवीन रहेगी।

अक्षण्वन्तः कर्णवन्तः सखायो मनोजवेष्वसमा बभूवुः।
आदध्नास उपकक्षास उत्वे हृदा इव स्नात्वा उत्वे ददृश्रे॥
ऋक० १०-७१

जिनके पास (सत्य परीक्षण के लिए) दृष्टि होती है, (ज्ञान की बात सुनने के लिए) श्रवण होते हैं ऐसे (समान ज्ञानी) सखा मनोभावों को व्यक्त करने में असाधारण होते हैं। ज्ञान की दृष्टि से इनमें कोई मुख तक जल से पूर्ण पुष्कर के समान है, कोई कटि तक जलवाले सरोवर जैसे हैं और कोई स्नान के उपयुक्त जलयुक्त गंभीर हृद हैं।

सक्तुमिव तितउना पुनन्तो यत्र धीरा मनसा वाचमक्रत।
ऋक्० १०-७१-२

बुद्धिमान जन भाषा को बुद्धिबल से वैसे ही परिष्कृत करते रहते हैं जैसे सक्तु (सत्तू) चलनी से छान छान कर परिष्कृत किया जाता है।

संज्ञान सूक्त में मतभेदों को स्वीकृति देते हुए भी एक निर्णय के लिए आवश्यक जिस एकता की कामना की गई है, उस पर किसी भी राष्ट्र की प्रगति निर्भर रहती है।

समानी व आकूतिः समाना हृदयानि वः।
समानमस्तु वो मनो यथा वः सुसहासति॥
ऋक० १०-१९१-४

तुम्हारा कर्म (अध्यवसाय) समान हो। तुम्हारे हृदय और मन भी समान हों। तुम एक मति वाले होकर सब प्रकार से सुसंगठित होओ।

प्रस्तुत संग्रह के विषय में

हमारे राष्ट्र के उन्नत शुभ्र मस्तक हिमालय पर जब संघर्ष की नील-लोहित आग्नेय घटायें छा गई, तब देश के चेतनाकेन्द्र ने आसन्न संकट की तीव्रानुभूति देश के कोने कोने में पहुंचा दी।

धरती की आत्मा के शिल्पी होने के कारण साहित्यकारों और चिन्तकों पर विशेष दायित्व आ जाना स्वाभाविक ही था। इतिहास ने अनेक बार प्रमाणित किया है कि जो मानव समूह अपनी धरती से जिस सीमा तक तादात्म्य कर सका है, वह उसी सीमा तक अपनी धरती पर अपराजेय रहा है।

इस तादात्म्य के अनेक साधनों में विशिष्ट साहित्य हैं। किसी भूमिखण्ड पर किस मानव-समूह का सहजात अधिकार है, इसे जानने का पूर्णतम प्रमाण उसका साहित्य ही है। विशेषतः धरती से संस्कारगत आत्मीयता बिना हुए कवि उसके वन, नदी, पर्वत आदि के सम्बन्ध में गाता नहीं। वह संसार भर की प्रकृति के सौन्दर्य पर मुग्ध हो सकता है, उसे छन्द का परिधान दे सकता है, किन्तु संस्कारगत साहचर्य के अभाव में उसे अपने व्यक्तित्व का अंग नहीं बना पाता। माता जैसे अन्य के सुन्दर बालक पर मुग्ध हो सकती है, परन्तु जो आत्मीयता वह अपने असुन्दर बालक के लिए अनुभव करती है, उसे वह अन्य के सुन्दर बालक को नहीं दे पाती।

जगमगाते स्वच्छ नगर में रहने वाले भी अपने धूमिल मलिन ग्राम के विरह में खिन्न होते हैं। गुलाब के उद्यान और अंगूर की बेलों के बीच बैठकर भी मनुष्य को अपने ग्रामीण घर के द्वार पर लगे नीम करीलों का स्मरण हो आता है।

आधुनिकयुग के साहित्यकार को भी अपने रागात्मक उत्तराधिकार का बोध था।

इसी से हिमालय के आसन्न संकट ने उसकी लेखनी को, ओज के शंख और आस्था की वंशी के स्वर दे दिये हैं।

मेरे विचार में तात्कालिक समस्याओं के मूल में यदि सनातन मूल्यों की धरती न हो तो वे फूलदान के स्तबक के फूल हो जाती हैं, जिनमें विकास-क्रम की निरन्तरता सम्भव नहीं रहती।

प्रस्तुत संग्रह में मैंने भारतीय मानस के प्रशान्त क्षणों की रागभूमि की ओर

संकेत किया है। उसे तात्कालिक सीमा से घेरने का लक्ष्य न होने पर भी, उसमें तात्कालिक मनोरागों की स्थिति भी स्वाभाविक रहेगी। एक पूजा की थाली अनेको पुजार्थियों के विविध रंग-मधु-गन्ध वाले फूल, अक्षत, चन्दन सँभाल लेती है।

संग्रह को प्रकाश में आने के लिए अनेक असुविधाओं के बीच से मार्ग बनाना पड़ा है, अतः यह स्वाभाविक है कि वह न मेरे स्वप्न के अनुरूप हो न दूसरों की आशा के अनुरूप। परन्तु देवता का महत्व, अर्चना के लघुतम उपकरण को भी महार्घता देने में समर्थ है।

प्रयाग —— महादेवी

महाशिवरात्रि

सं० २०१९

आर्षवाणी

●

हिमालय

ध्रुवा एव वः पितरो युगे युगे क्षेमकामासः
सदसो न युञ्जते।
अजुर्यासो हरिषाचो हरिद्रव आ
द्यावांपृथिवीमशुश्रुवुः॥

—ऋक्० १०-९४-१२

युग-युगान्तर से ये तुम्हारे पूर्वज पर्वत ध्रुव और अचल खड़े हुए हैं। जान पड़ता है इनकी इच्छायें पूर्ण हो गई हैं और इन्हें कहीं आने जाने की आवश्यकता नहीं रही। ये अजर और हरीतिमामय वृक्षों से परिपूर्ण हैं और (पक्षियों के) मधुर रव से आकाश-पृथिवी को मुखरित करते रहते हैं।

यस्येमे हिमवन्तो महित्वा यस्य
समुद्रं रसया सहाहुः।
यस्येमाः प्रदिशो यस्य बाहू कस्मै
देवाय हविषा विधेम॥

—ऋक्० १०-१२१-४

ये हिमवन्त पर्वत जिसकी महिमा गाते हैं, जिसके महत्व की घोषणा पृथ्वी (नदी) सहित समुद्र कर रहा है और जिसके सामर्थ्य की अभिव्यक्ति, ये प्रदिशायें, (उसकी) बाहुवत होकर कर रही हैं, उस देव की हम हविष्य से आराधना करते हैं।

हिमवतः प्रस्रवन्ति सिन्धौ समह संगमः।
आपोह मह्यं तद् दैवीर्ददृन हृद्द्योत भेषजम्॥

—अथर्व० ६-२४-१

हिमालय से निकलने तथा समुद्र में मिलने वाली सरितायें हमें दिव्य ओषधियां प्रदान करें।

गिरयस्ते पर्वता हिमवन्तोरण्यं ते पृथिवि
स्योनमस्तु।

—अथर्व० १२-१-११

हे पृथिवी! तेरे ये पर्वत तेरे हिमावृत अचल, तेरे अरण्य हमारे लिए सुखकर हों।

इमे मे गङ्गे सरस्वति शुतुद्रि स्तोमं सचता
परुष्ण्या।
असिक्न्या मरुद्वृधे वितस्तयार्जीकीये
शृणुह्या सुषोमया॥

—ऋक्० १०-७५-५

हे गंगा, सरस्वती, शुतुद्री (सतलज), परुष्णी (रावी), असिक्नी (चिनाव) के साथ मरुद्वृधा (चिनाव और झेलम के बीच की मरुवर्दवन नामक सहायक नदी), वितस्ता (झेलम), सुषोमा (सोहान) तथा आर्जीकीया (व्यास) तुम सब मेरी स्तुति में भाग लो और उसे सुनो।

स्मृत्यार्चन

महर्षीणां भृगुरहं गिरामस्म्येकमक्षरम्।
यज्ञानां जपयज्ञोऽस्मि स्थावराणां हिमालयः॥

—गीता, १०-२४

मैं महर्षियों में भृगु, वाणियों में एक अक्षर (ओंकार) यज्ञों में जप यज्ञ और स्थिर रहनेवालों में हिमालय हूँ।

हिमवद्विन्ध्ययोर्मध्यं यत्प्राग्विनशनादपि।
प्रत्यगेव प्रयागाच्च मध्यदेशः प्रकीर्तितः॥

—मनुस्मृति, २-२१

हिमालय और विन्ध्य के मध्य जो सरस्वती के पूर्व और प्रयाग के पश्चिम में है वही मध्य देश माना गया है।

शैलानां हिमवन्तं च नदानामथ सागरम्।

—ब्रह्माण्ड पुराण

पर्वतों में (अधिपति के रूप में) हिमालय की तथा नदों में (अधिपति के रूप में) समुद्र की रचना की गई।

यज्ञाङ्गार्थं मया स्रष्टो हिमवानचलेश्वरः।

—विष्णुपुराण

यज्ञ में (देवताओं के साथ) भाग लेने के लिए मैंने पर्वतों के अधिपति हिमालय की सृष्टि की।

आदिपुराण

●

हिमवान

हिमवानयमुत्तुंगः संगतः सततं श्रिया।
कुल क्षोणी भृतां धुर्यो धत्ते युष्मदनुक्रियाम्॥

यह हिमवान पर्वत अति उच्च और श्री संयुक्त है। पर्वतों में प्रमुख है मानो आपका (जो राजाओं में श्रेष्ठ हैं) अनुकरण कर रहा हो।

चित्रैरलंकृता रत्नैरस्य श्रेणी हिरण्यमयी।
शतयोजनमात्रोच्चा टंकच्छिन्नेव भात्यसौ॥

इसकी हिरण्यमयी रत्नजटित और शतयोजन ऊँची चोटी है। ऐसा जान पड़ता है मानो (किसी शिल्पी ने) टाँकी से गढ़ कर बनाई है।

स्व पूर्वापर कोटिभ्यां विगाह्य लवणार्णवम्।
स्थितोऽयं गिरिराभाति मानदण्डायितो भुवः॥

अपने पूर्व पश्चिम के किनारों से लवण समुद्र में अवगाहन कर स्थित, यह पर्वत ऐसा शोभित हो रहा है मानो पृथ्वी को नापने का मानदण्ड हो।

अस्यानुसानु रम्येयं वनराजी विराजते।
शश्वदध्युषिता सिद्धविद्याधर महोरगैः॥

सिद्ध विद्याधर और नाग जिसमें निरन्तर निवास करते हैं ऐसी वनराजी इसके शिखर प्रान्त में शोभित है।

तटाभोगा - विभान्त्यस्य ज्वलन्मणि - विचित्रिताः।
चित्रिता इव संक्रान्तैः स्वर्वधूप्रतिविम्बकैः॥

प्रदीप्त मणियों से जटित इसके तट प्रदेश (ढाल) ऐसे शोभित होते हैं मानो उन रत्नों में प्रतिविम्बित स्वर्गवधुओं के प्रतिविम्बों से ही बनाये गए हों।

पर्यन्तस्य वनोद्देशा विकसितकुसुमस्मिताः।
हसन्तीवामरोद्यान - श्रियमात्मीयया श्रियाः॥

फूले हुए फूलों में हँसते हुए से इसके चारों ओर के वन प्रदेश ऐसे जान पड़ते हैं मानो अपनी श्री से अमरों के नन्दन वन पर हँस रहे हों।

मूर्ध्नि पद्म - हृदोऽस्यास्ति धृत - श्री बहुवर्णनः।
प्रसन्नवारिरुत्फुल्ल - हैमपंकज - मण्डनः॥

इसके मस्तक पर श्री-युक्त पद्म नामक सरोवर है, जो बहुत प्रकार से वर्णित और स्वच्छ जल तथा विकच स्वर्ण कमलों से शोभित है।

हृदस्यास्य पुरः प्रत्यक्तोरणद्वार - निर्गते।
गंगासिन्धू महानद्यौ धत्तेऽयं धरणीधरः॥

यह पर्वत पद्मसरोवर के पूर्व दिशा के तोरणद्वार से निकली गंगा महानदी तथा पश्चिम तोरणद्वार से निकली सिन्धु महानदी को भी धारण करता है।

सरितं रोहितास्यां च दधात्येष शिलोच्चयः।
तदुदक्तोरणद्वारान्निःसृत्योदङमुखी गताम्॥

पद्मसरोवर के उत्तर तोरणद्वार से निकल कर उत्तर की ओर बहती हुई रोहितास्या नदी को भी यह पर्वत धारण किये हुए है।

महापगाभिरित्याभिरलंघ्याभिर्विभात्ययम्।
तिसृभिः शक्तिभिः स्वं वा भूभृद्भावं विभावयन्॥

इन अलंध्य तीन महानदियों से यह पर्वत ऐसा सुशोभित है मानो (मन्त्र, उत्साह और प्रभुत्व) तीन शक्तियों से अपने भूभृत् भाव (पृथ्वी को धारण करने की क्षमता) को दिखा रहा है।

—महापुराणान्तंगत
आदिपुराण
पर्व ३२ (जैन साहित्य)

अस्त्युत्तरस्यां दिशि वै गिरीशो हिमवान्महान्।
पर्वतोहि मुनिश्रेष्ठ महातेजास्समृद्धिभाक् ॥१४॥
द्वै रूप्यं तस्य विख्यातं जङ्गमस्थिर भेदतः।
वर्णयामि समासेन तस्य सूक्ष्मस्वरूपकम् ॥१५॥
पूर्वापरौ तोयनिधि सविगाह्य स्थितोहि यः।
नाना रत्नाकरो रम्यो मानदण्ड इव क्षितेः ॥१६॥
नानावृक्षसमाकीर्णो नाना श्रृङ्गसुचित्रितः।
सिंहव्याघ्रादि पशुभिस्सेवितस्सुखिभिस्सदा ॥१७॥
तुषारनिधिरत्युग्रो नानाश्चर्यविचित्रितः।
देवर्षिसिद्धमुनिभिस्संश्रितः शिवसंप्रियः ॥१८॥
तपः स्थानोऽति पूतात्मा पावनश्च महात्मा।
तपस्सिद्धिप्रदोत्यन्तं नाना धात्वाकरश्शुभः ॥१९॥
स एव दिव्य रूपोहि रम्यः सर्वांग सुन्दरः।
विष्ण्वंशोऽविकृतः शैलराजराजस्सताम्प्रियः ॥२०॥

उत्तर दिशा में गिरियों का अधिपति, समृद्धिभाजन, तेजयुक्त, महान हिमवान पर्वत स्थित है।

स्थिर और जंगम के भेद से उसके दो रूप विख्यात हैं। संक्षेप में उसके सूक्ष्म स्वरूप का वर्णन करता हूँ।

यह पूर्व पश्चिम के समुद्रों में अवगाहन कर स्थित, विविध रत्नों का आकर, रम्य और पृथ्वी के मानदण्ड के समान है।

अनेक प्रकार के वृक्षों से आकीर्ण अनेक शिखरों से सुचित्रित, सिंह व्याघ्र आदि पशुओं द्वारा सुखपूर्वक सेवित है।

यह तुषारनिधि, उग्र अनेक आश्चर्यों से युक्त, देवर्षि सिद्ध मुनियों का आश्रय और शिव का प्रिय है।

यह अति पूतात्मा, तपस्थान, पवित्र करने वाला, उदात्त जनों के तप के लिए सिद्धिप्रद, विविध धातुओं का आकर और शुभ है।

यह दिव्य रूप, रम्य, सर्वांग सुन्दर विष्णु अंश की अभिव्यक्ति, शैलराजाधिराज और सज्जनों को प्रिय है।

—पार्वती खण्ड ३

●

नगाधिराज

आलोकयन्नदीं पुण्यान्तत्समीप हृतश्रमः।
स गच्छन्नेव ददृशे हिमवन्तं महागिरिम्।

पवित्र हैमवती नदी का अवलोकन कर और उसके सान्निध्य से विगतश्रम होकर चलते चलते मद्रराज ने महागिरि हिमवान को देखा।

खमुल्लिखद्भिर्बहुभिर्वृत्तं श्रृंगै तु पाण्डुरैः।
पक्षिणामपि सञ्चारैर्विना सिद्धगतिं शुभम्॥

वह आकाश को छूते हुए से आपीत धवलिम श्रृंगों से युक्त (उत्तुंगता के कारण) पक्षियों के आवागमन से रहित, सिद्ध जनों द्वारा गम्य और शुभ था।

नदीप्रवाहसञ्जातमहाशब्दैः समन्ततः।
असंश्रुतान्यशब्दन्तं शीततोयं मनोरमम्॥

चतुर्दिक् नदियों के प्रवाह से उत्पन्न महाशब्द (कलकल ध्वनि) के कारण वहां अन्य शब्द नहीं सुने जाते थे और वह शीतल जल से युक्त तथा मनोरम था।

देवदारुवनैर्नीलैः कृताधोवसनं शुभम्।
मेघोत्तरीयकं शैलं ददृशे स नराधिपः॥

गहन हरीतिमामय देवदारु के वन जिसका शुभ अधोवस्त्र थे और मेघ जिसका उत्तरीय बन गए थे, ऐसे पर्वत को राजा ने देखा।

श्वेत मेघकृतोष्णाषं चन्द्रार्कमुकुटं क्वचित्।
हिमानुलिप्तसर्वाङ्गं क्वचिद्धातुविमिश्रितम्॥

उज्ज्वल मेघ उसका उष्णीष (पगड़ी) और चन्द्र और सूर्य मुकुट जान पड़ते थे। उसका सर्वांग हिम से अनुलिप्त और कहीं कहीं गैरिक आदि धातुओं से शवलित था।

चन्दनेनानुलिप्ताङ्गं दत्तपंचाङ्गुलं यथा।
शीतप्रदं निदाघेऽपि शिलाविकटसंकटम्।
सालक्तकैरप्सरसां मुद्रितं चरणैः क्वचित्॥

चन्दनानुलिप्त उसका अंग पंचांगुल के चिह्नों से चिह्नित सा था। वह महाशैल ग्रीष्मकाल में शीतप्रद, विकट शिलासमूहों से संकुल और कहीं कहीं अप्सराओं के अलक्तक-प्रसाधित चरण-चिह्नों से मुद्रित सा था।

क्वचित्संपृष्टसूर्य्यांशुं क्वचिच्च तमसावृतम्।
दरीमुखैः क्वचिद्भीमैः पिवन्तं सलिलं महत्॥

उसका कुछ भाग सूर्य की किरणों से प्रकाशित और कुछ भाग अन्धकार से आच्छन्न था। कहीं कहीं वह अपने कन्दरा रूपी भीमाकार मुख से (प्रवाहित होती) जलराशि को पी सा रहा था।

निरुद्धपवनैर्देशैर्नील - शाद्वल - मण्डितैः।
क्वचिच्च कुसुमैर्युक्तमत्यन्तरुचिरं शुभम्॥

वह महाशैल कहीं कहीं वायु संचार से शून्य नीली (गहरी हरित) घासयुक्त प्रान्तरों और कहीं कहीं (विविध रंगों वाले) फूलों के कारण अत्यन्त रमणीय जान पड़ता था।

समालब्धजलैः शृंगैः क्वचिच्चापि समुच्छ्रितैः।
नित्यर्कतापविषमैरगम्यैर्मनसा युतम्॥

उसके कितने ही शिखर प्रपातयुक्त हैं। कितने ही अपनी उत्तुंगता के कारण मन से भी दुरारोह और सूर्य के ताप के कारण सर्वथा विषम (अगम्य) हैं।

देवदारु - महावृक्ष - व्रज - शाखा - निरन्तरैः।
वंशस्तम्बवनाकारैः प्रदेशैरुपशोभितम्॥

उसके कुछ भाग देवदारु के विशाल वृक्षों की शाखाओं की विपुलता के कारण निविड़ सघन हैं और कुछ भाग बांसों के स्तेम्बाकार वनों से आच्छन्न हैं।

हिमच्छत्रमहाश्रृंगं प्रपातशतनिर्झरम्।
शब्दलभ्याम्बुविषमं हिमसंरुद्धकन्दरम्॥

उसके महाश्रृंग हिम से आच्छादित हैं और उससे सैकड़ों निर्झर झर रहे हैं। उसकी गुफायें हिमरुद्ध हैं और वनों की सघनता के कारण (निर्झरों की) ध्वनि मात्र से जल की स्थिति का अनुमान होता है।

अहीनशरणं नित्यमहीनजनसेवितम्।
अहीनः पश्यति गिरिमहीनं रत्नसम्पदा॥

सतत विशाल शरणस्थल, उदात्त जनों से सेवित, रत्नसम्पत्ति में श्रेष्ठ इस महान पर्वत का, कोई महान जन ही दर्शन पाता है।

अध्याय, ११६

हिमकन्या

शैलेन्द्रो हिमवान्नाम धातूनामाकरो महान्।
तस्य कन्याद्वयं जातं रूपेणाप्रतिमं भुवि ॥१॥

या मेरुदुहिता राम तयोर्माता सुमध्यमा।
नाम्ना मेना मनोज्ञा वै पत्नी हिमवतः प्रिया ॥२॥

तस्यां गङ्गेयमभवज्ज्येष्ठा हिमवतः सुता।
उमा नाम द्वितीयाभूत्कन्या तस्यैव राघव ॥३॥

अथ ज्येष्ठा सुराः सर्वे देवतार्थचिकीर्षया।
शैलेन्द्रं वरयामासुर्गङ्गां त्रिपथगां नदीम् ॥४॥

ददौ धर्मेण हिमवांस्तनयां लोकपावनीम्।
स्वच्छन्द पथगां गङ्गां त्रैलोक्यहितकाम्यया ॥५॥

या चान्या शैलदुहिता कन्याऽऽसीद्रघुनन्दन।
उग्रं सा व्रतमास्थाय तपस्तेपे तपोधना ॥६॥

उग्रेण तपसायुक्तां ददौ शैलवरः सुताम्।
रुद्रायाप्रतिरूपाय उमां लोकनमस्कृताम् ॥७॥

सैषा सुरनदी रम्या शैलेन्द्रस्यसुता तदा।
सुरलोकं समारूढा विपापा जलवाहिनी ॥८॥

धातुओं की खान और शैलों में इन्द्र, महान हिमालय के दो कन्यायें हुईं, जो पृथ्वी पर अप्रतिम थीं।

हे राम! इन कन्याओं की माता मेरुपर्वत की सुन्दरी पुत्री और हिमवान की मनोज्ञ प्रिय पत्नी, मेना है।

हिमालय की ज्येष्ठ कन्या गंगा है और उसकी द्वितीय पुत्री का नाम उमा पड़ा।

हिमालय की ज्येष्ठ पुत्री त्रिपथगा गंगा को सब देवता मिल कर अपनी कार्यसिद्धि के लिए माँग कर ले गए।

हिमवान ने लोक को पवित्र करनेवाली और स्वच्छन्द गतिशीला गंगा को त्रैलोक्य-कल्याण के लिए, अपना धर्म समझ कर दे दिया।

हे रघुनन्दन! हिमाचल की द्वितीय पुत्री तपोधना उमा ने उग्र तप किया।

कठिन तप करनेवाली लोकवन्दिता कन्या उमा को शैलश्रेष्ठ हिमाचल ने रुद्र (महादेव) को जो अप्रतिम (उपयुक्त वर) थे, विवाह में दे दिया।

शैलेन्द्र की पुत्री रम्य, पुण्यसलिलवाहिनी देवलोक को जानेवाली यही देवनदी गंगा है।

ततो हैमवती ज्येष्ठा सर्वलोकनमस्कृता।
तदा सरिन्महद्रूपं कृत्वा वेगं च दुःसहम्॥
आकाशादपतद्राम शिवे शिवशिरस्युत।
अचिन्तयच्च सा देवी गङ्गा परम दुर्धरा॥
विशाम्यहं हि पातालं स्रोतसा गृह्य शंकरम्।
तस्यावलेपनं ज्ञात्वा क्रुद्धस्तु भगवान्हरः॥
तिरोभावयितुं बुद्धि चक्रे त्रिनयनस्तदा।
सा तस्मिन्पतिता पुण्या पुण्ये रुद्रस्य मूर्धनि॥
हिमवत्प्रतिमे राम जटामण्डल - गह्वरे।
सा कथंचिन्महीं गन्तुं नाशक्नोद्यत्नमास्थिता॥

.. .. ..

विससर्ज ततो गङ्गां हरो विन्दुसरः प्रति।
तस्यां विसृज्यमानायां सप्त स्रोतांसि जज्ञिरे॥
ह्लादिनी पावनी चैव नलिनी च तथाऽपरा।
तिस्रः प्राचीं दिशं जग्मुर्गङ्गाः शिवजलाः शुभाः॥
सुचक्षुश्चैव। सीताच सिन्धुश्चैव महानदी।
तिस्रस्त्वेता दिशं जग्मुः प्रतीचीं तु शुभोदकः॥
सप्तमी चान्वगात्तासां भगीरथमथो नृपम्।
भगीरथोऽपि राजर्षिर्दिव्यं स्यन्दनमास्थितः॥
व्यसर्पत जलं तत्र तीव्रशब्दपुरस्कृतम्।
मत्स्य - कच्छपसंघैश्च शिशुमारगणैस्तथा॥
शतादित्यमिवाभाति गगनं गततोयदम्।
शिशुमारोरगगणैर्मीनैरपि च चञ्चलैः॥
विद्युद्भिरिव विक्षिप्तमाकाशमभवत्तदा।
पाण्डुरैः सलिलोत्पीडैः कीर्यमाणैः सहस्रधा॥
शारदाभ्रैरिवाकीर्णं गगनं हंससंप्लवैः।
क्वचिद् द्रुततरं याति कुटिलं क्वचिदायतम्॥
विनतं क्वचिदुद्धूतं क्वचिद्याति शनैः शनैः।
सलिलेनैव सलिलं क्वचिदभ्याहतं पुनः॥
मुहुरूर्ध्वपथं गत्वा पपात वसुधातलम्।
व्यरोचत तदा तोयं निर्मलं गतकल्मषम्॥

तब सर्वलोकवन्दिता ज्येष्ठा हैमवती गंगा महद्रूप धारण कर दु:सह वेग के साथ आकाश से शिव के मस्तक पर गिरीं। गिरते समय परम दुर्धर देवी गंगा ने सोचा कि

मैं अपने प्रवाह के साथ बहा कर शिव को पाताल ले जाऊँगी। गंगा के गर्व को जान कर भगवान् शिव क्रुद्ध हुए और उन्हें अपनी जटा में ही तिरोहित करने का विचार किया।

हिमाचल के समान शिव के पवित्र मस्तक की जटामण्डल रूपी गुफा में पुण्यतोया गंगा गिरीं और अनेक प्रयत्न करने पर भी जटाजूट से निकल कर पृथ्वी पर न जा सकीं।

.. .. ..

तब शिव ने गंगा को हिमालय-स्थित विन्दुसर में छोड़ा। छोड़ते ही गंगा की सात धारायें हो गईं।

ह्लादिनी, पावनी और नलनी गंगा की ये तीन कल्याणकारिणी धारायें उस सर से पूर्व की ओर बहीं। गंगा के शुभ जल की सुचक्षु, सीता और सिन्धु नामक धारायें पश्चिम की ओर बहीं।

सातवीं धारा दिव्य रथारूढ़ राजर्षि भगीरथ के रथ का अनुसरण करने लगी।

तीव्र शब्द करता हुआ और अपने प्रवाह में मत्स्य, कच्छप, शिशुमार (सूंस) आदि को बहाता हुआ गंगा का जल वेग से पृथ्वी पर (आकाश से) गिर कर प्रवाहित हुआ।

निर्मल मेघशून्य आकाश ऐसा शोभित हो रहा था, मानो उसमें सैकड़ों सूर्य उदित हो गए हों। बीच बीच में चंचल मत्स्य, उरग, शिशुमार आदि जल जीवों के झुंड जो

जल के वेग से ऊपर उछल जाते थे, ऐसे जान पड़ते थे मानो आकाश में बिजली चमक रही हो। जल में उठे हुए श्वेत फेन जो इधर उधर सहस्रधा छितरा गए थे, ऐसे जान पड़ते थे मानो हंसों के झुंड से युक्त शरद्कालीन मेघ आकाश को शोभित कर रहे हैं।

गंगा का जल कहीं द्रुतगति से, कहीं कुटिल गति से, कहीं फैल कर, कहीं निम्न, कहीं उछलता हुआ और कहीं धीरे धीरे बह रहा था। कहीं जल जल से ही टकरा कर बार बार ऊपर उछलता और फिर पृथ्वी पर गिर पड़ता था। इस प्रकार वह स्वच्छ पुण्य जलराशि शोभित हो रही थी।

—बालकाण्ड

महाभारत से

•

नगोत्तम

आरिराधयिषुर्गंगां तपसा दग्धकिल्विषः।
सोऽपश्यत् नरश्रेष्ठ हिमवन्तं नगोत्तमम्।।

हे नरश्रष्ठ! तप द्वारा विगतपाप होकर गंगा की आराधना की इच्छा से उसने पर्वतों में उत्तम हिमालय को देखा।

श्रृंगैर्बहुविधाकारै धातुमद्भिरलंकृतम्।
पवनालम्बिभिर्मेघैः परिषिक्तं समन्ततः।

वह पर्वत धातुओं से युक्त विविध आकारवाले श्रृंगों से अलंकृत और पवन से चंचल मेघों से सब ओर से परिषिक्त (भीगा हुआ) था।

शकुनैश्च विचित्राङ्गैः कूजद्भिर्विविधागिरः।
भृङ्गराजैस्तथा हंसै र्दात्युहर्जलकुक्कुटैः।।
मयूरैः शतपत्रैश्च जीवन्जीवककोकिलैः।
चकोरैरसितापाङ्गै स्तथापुत्रप्रियैरपि।।

वह विचित्र अंगोंवाले विविध ध्वनियों में कलरव करनेवाले पक्षियों से शोभित और भृंगराज, हंस, सारस, जलकुक्कुट, मयूर, शतपत्र, कोकिल, चकोर असितापांग और पुत्रप्रिय आदि के शब्दों से मुखरित था।

जलस्थानेषु रम्येषु पद्मिनीभिश्चसंकुलम्।
सारसानां च मधुरैर्व्याहृतैः समलंकृतम्।।

उसके रम्य जलाशय कमलों से भरे हुए और सारसों के मधुर रव से शोभित थे।

किन्नरैरप्सरोभिश्च निषेवितशिलातलम्।
दिग्वारण - विषाणाग्रैः समन्ताद् धृष्टपादपा।।

उसके शिलातल किन्नर और अप्सराओं से सेवित हैं और उसके वृक्ष दिग्गजों के दांतों से छिल गए थे।

क्वचित्काननसंकाशं क्वचिद्रजतसंनिभम्।
क्वचिदञ्जनपुञ्जाभं हिमवन्तमुपागमत्।।

जो कहीं कान्तार-संकुल था, कहीं चांदी के वर्ण के समान रजताभ और कहीं अंजन के समान श्याम दिखाई देता था, उस पर्वत पर वह पहुँचा।

.. .. ..

अवेक्ष्यमाणः कैलाशं मैनाकं चैव पर्वतम्।
गन्धमादनपादांश्च श्वेतं चापि शिलोच्चयम्॥

वे कैलाश तथा मैनाक पर्वतों और गन्धमादन के प्रत्यन्त भागों एवं श्वेत शिलोच्च (श्वेत पर्वत) को

उपर्युपरि शैलस्य वह्वीश्च सरितः शिवाः।
पृष्ठं हिमवतः पुण्यं ययौ सप्तदशेऽहनि॥

तथा पर्वत के ऊपर ऊपर बहने वाली बहुत सी कल्याणकर नदियों को देखते हुए सत्रहवें दिन हिमवान के पवित्र पृष्ठ भाग पर पहुँचे।

ददृशुः पाण्डवा राजन् गन्धमादनमन्तिकात्।
पृष्ठे हिमवतः पुण्ये नाना द्रुमलतावृते॥

हे राजन्! पाण्डवों ने हिमवान के विविध द्रुमलतावृत पुण्य पृष्ठदेश से गन्धमादन और

सलिलावर्तसंजातैः पुष्पितैश्च महीरुहैः।
समावृतं पुण्यतममाश्रमं वृषपर्वणः॥

जलावर्त सिंचित पुष्पित वृक्षों से घिरे हुए वृषपर्वा के पवित्रतम आश्रम को देखा।

नित्य पुष्पफलैर्वृक्षै र्हिमसंस्पर्शकोमलैः।
उपेतान् बहु सच्छायैर्मनोनयननन्दनै॥

वह हिमवान सदैव फूलने फलने वाले और हिम के संस्पर्श के कारण कोमल, मन और नेत्रों को आनन्द देनेवाले सुन्दर छायावान वृक्षों से युक्त था।

स संपश्यन गिरिनदी वैदूर्यमणिसन्निभैः।
सलिलैर्हिमसंकाशै हंसकारण्डवायुतैः॥

हंस-कारण्डव पक्षियों से शोभित, वैदूर्य मणि की आभावाले और हिम जैसे जल वाली पर्वतीय नदियों को देखा।

वनानि देवदारुणां मेघानामिव वागुराः।
हरिचन्दनमिश्राणि तुंग कालीयकान्यपि॥

वहां हरिचन्दन तथा ऊँचे ऊँचे अगरु वृक्षों से युक्त देवदारु के वन ऐसे लगते थे मानो मेघों के लिए जाल हों।

—वन पर्व

कुमारसम्भवम्

●

हिमालय

अस्त्युत्तरस्यां दिशि देवतात्मा हिमालयो नाम नगाधिराजः।
पूर्वापरौ तोयनिधीवगाह्य स्थितः पृथिव्या इव मानदण्डः ॥१॥

यं सर्व शैलाः परिकल्प्य वत्सं मेरौ स्थिते दोग्धरि दोहदक्षे।
भास्वन्ति रत्नानि महोषधीश्च पृथूपदिष्टां दुदुहुर्धरित्रीम् ॥२॥

अनन्तरत्नप्रभवस्य यस्य हिमं न सौभाग्यविलोपि जातम्।
एकोहि दोषो गुणसंनिपाते निमज्जतीन्दोः किरणेष्विवाङ्कः ॥३॥

यश्चाप्सरोविभ्रममण्डनानां संपादयित्रीं शिखरैर्विभर्ति।
वलाहकच्छेदविभक्तरागामकालसन्ध्यामिव धातुमत्ताम् ॥४॥

आमेखलं संचरतां घनानां छायामधः सानुगतां निषेव्य।
उद्वेजिता वृष्टिभिराश्रयन्ते श्रृंगाणि यस्यातपवन्ति सिद्धाः ॥५॥

पदं तुषारस्रुति-धौतरक्तं यस्मिन्नदृष्ट्वापि हतद्विपानाम्।
विदन्ति मार्गं नखरन्ध्रमुक्तैर्मुक्ताफलैः केसरिणां किराताः ॥६॥

न्यस्ताक्षरा धातुरसेन यत्र भूर्जत्वचः कुंजरबिन्दुशोणाः।
व्रजन्ति विद्याधरसुन्दरीणामनङ्गलेखक्रिययोपयोगम् ॥७॥

पूर्व और पश्चिम सागर तक
भू के मानदण्ड सा विस्तृत,
उत्तर दिशि में दिव्य हिमालय
गिरियों का अधिपति है शोभित।

पृथु-प्रेरित शैलों ने जिसको
पृथ्वी-गो का वत्स बनाकर,
मेरु-गोप से दुहा लिया सब
ओषधियों रत्नों का आकर।

रत्नों के आकर हिमगिरि की
हिम से हुई न शोभा कुण्ठित,
किरणों में कलंक सा छिपता
गुण-समूह में अवगुण किंचित्।

गैरिक पीत धातु-शृंगों से
वह रँगता घन-खण्डों को जब,
अप्सरियाँ मण्डन करती हैं
असमय संध्या के भ्रम से तब।

उन्नत शृंगों की रशना सम
मेघों की छाया में रह कर,
जाते, वर्षाभीत सिद्धजन
आतपमय शिखरों के ऊपर।

गजघाती सिंहों के, जाते
अंक जहाँ हिमधारा से धुल,
नख से बिखरी गजमुक्ता से
दिशि-इंगित पाता किरात-दल।

गज-शुण्डों पर लाल बिन्दु से
अंकित जिन पर लगते अक्षर,
विद्याधर - सुन्दरियाँ लिखतीं
प्रेम-पत्रिका भोजपत्र पर।

यः पूरयन्कीचकरन्ध्र - भागान्दरीमुखोत्थेन समीरणेन।
उद्गास्यतामिच्छति किन्नराणां तानप्रदायित्वमिवोपगन्तुम् ॥८॥

कपोलकण्डूः करिभिर्विनेतुं विघट्टितानां सरलद्रुमाणाम्।
यत्र स्रुतक्षीरतया प्रसूतः सानूनि गन्धः सुरभीकरोति ॥९॥

दिवाकराद्रक्षति यो गुहासु लीनं दिवाभीतमिवान्धकारम्।
क्षुद्रेऽपि नूनं शरणं प्रपन्ने ममत्वमुच्चैः शिरसां सतीव ॥१०॥

लाङ्गूलविक्षेपविसर्पि - शोभैरितस्ततश्चन्द्र - मरीचिगौरैः।
यस्यार्थयुक्तं गिरिराजशब्दं कुर्वन्ति बालव्यजनैश्चमर्यः ॥११॥

भागीरथीनिर्झरसीकराणां वोढा मुहुः कम्पितदेवदारुः।
यद्वायुरन्विष्टमृगैः किरातैरासेव्यते भिन्नशिखण्डिबर्हः ॥१२॥

सप्तर्षिहस्तावचितावशेषाण्यधो विवस्वान्परिवर्तमानः।
पद्मानि यस्याग्रसरोरुहाणि प्रबोधयत्यूर्ध्वमुखैर्मयूखैः ॥१३॥

यज्ञाङ्गयोनित्वमवेक्ष्य यस्य सारं धरित्रीधरणक्षमं च।
प्रजापतिः कल्पितयज्ञभागं शैलाधिपत्यं स्वयमन्वतिष्ठत् ॥१४॥

—कालिदास

गुहामुखों से उठकर मारुत
करता वेणु-रन्ध्र सब सस्वर।
साथ दे रहा ज्यों गीतों का
गाते जिसे तार स्वर किन्नर।
जब मस्तक खुजलाते हैं गज,
देवदारु से संघर्षण - रत,
उनसे बह कर क्षीर सुरभिमय
कर देता शिखरों को शोभित।
दिवाभीत सा आश्रय पाता
रवि से दूर, गुहा में घनतम,
शरणागत क्षुद्रों को ममता
देते हैं महान, सज्जन सम।
चलती हैं चमरी गौयें भी
चन्द्रोज्ज्वल पूँछें चंचल कर,
पर्वतराज नाम को सार्थक
करतीं मानो चमर डुला कर।
गंगा - जल - कण - वाहक मारुत
बहता देवदारु कम्पित कर,
फहराता मयूर - पंखों को
मृगयारत किरात का श्रमहर।
उच्च सरों से लेने आते
नित सप्तर्षि कमल अर्चनहित,
शेष कंज - दल जहाँ खिलाता
रवि अपनी किरणें कर उन्नत।
देख यज्ञ - सामग्री का घर
उसे धरा - धारण में सक्षम,
विधि ने उसे यज्ञभागी कर
दिया नगाधिप का पद उत्तम।

—अनु० महादेवी

प्रालेयाद्रेरुपतटमतिक्रम्य तांस्तान्विशेषा-
न्हंसद्वारं भृगुपतियशोवर्त्म यत्कौञ्चरन्ध्रम्।

गत्वाचोर्ध्वं दशमुखभुजोच्छ्वासितप्रस्थसन्धेः
कैलासस्य त्रिदशवनितादर्पणस्यातिथिः स्याः।

शृंगोच्छायैः कुमुदविशदैर्यो वितत्यस्थितः
खं राशीभूतः प्रतिदिनमिव त्र्यम्बकस्याट्टहासः॥

—कालिदास

हिमालय के आस पास जितने रम्य स्थल हैं, उन सबको देखते हुए तुम उस कौंच-रन्ध्र में से उत्तर की ओर जाना जिसमें से होकर हंस मानसरोवर की ओर जाते हैं और जिसे परशुराम ने (अपने वाणों से वेध कर) अपने यश का मार्ग सा बना दिया है।

वहां से ऊँचे उठकर तुम उस कैलाश पर्वत पर पहुँच जाओगे, जिसके शिखरों की प्रस्थ सन्धियाँ (जोड़) रावण की भुजाओं से (कैलास उठा लेने के कारण) हिल चुकी हैं, जिसकी स्वच्छ हिमशिलाओं के कारण देवांगनायें उसमें (दर्पण के समान) अपने मुख देखा करती हैं और जिसकी कुमुद पुष्पों के समान उज्ज्वल चोटियां आकाश में ऐसे फैली हुई हैं, मानो वह दिन-प्रतिदिन एकत्र होता हुआ शिव का अट्टहास हो।

——पूर्वमेघ, ६०-६२

हिमालय

तपनमण्डलदीपितमेकतः सततनैशतमोवृतमन्यतः।
हसितभिन्नतमिस्रचयं पुरः शिवमिवानुगतं गजचर्मणा ॥१॥

यह हिमवान एक ओर सूर्यकिरणों से आलोकित और दूसरी ओर सर्वदा रात्रि के अन्धकार से आच्छन्न रहता है। ऐसा जान पड़ता है मानो सामने हास से उज्ज्वल और पृष्ठ भाग में गज चर्मावृत होने के कारण श्यामल शिव हों।

भुजगराजसितेन नभः श्रिता कनकराजिविराजितसानुना।
समुदितं निचयेन तडित्वतीं लघयता शरदम्बुदसंहतिम् ॥२॥

(इसके) शेष नाग के समान श्वेत तथा स्वर्णरेखाओं से खचित, गगन को स्पर्श करते हुए से शिखर, विद्युत् से युक्त शरद्कालीन बादलों को लज्जित करते हैं।

मणिमयूखचयांशुकभासुराः सुरवधूपरिभुक्तलतागृहाः।
दधतमुच्चशिलान्तरगोपुराः पुर इवोदितपुष्पवनाभुवः ॥३॥

यह उन नगर-सदृश भू-भागों को धारण करता है, जिनमें सुरांगनायें लताकुंजों का गृह के समान उपयोग करती हैं, जिनकी विशाल और ऊँची शिलायें पुर-द्वारों के समान हैं, जिनमें फूलों के वन ही उद्यान हैं और मणियों की दीप्ति की किरणें ही सुन्दर अंशुक हैं।

अविरतोज्झित वारिविपाण्डुभिर्विरहितैरचिरद्युतितेजसा।
उदति पक्षमिवारतनिःस्वनैः पृथुनितम्बविलम्बिभिरम्बुदैः ॥४॥

निरन्तर बरसते रहने के कारण जो मेघ पाण्डु वर्ण के हो गए हैं और जिनमें न अब गर्जन रव है और न विद्युत् की चमक, वे हिमालय के उन्नत शिखरों के दोनों ओर ऐसे लटक रहे हैं, मानो पर्वत के पंख निकल आये हैं।

दधतभाकरिभिः करिभिः क्षतैः समवतारसमैरसमैस्तटैः।
विविध कामहिता महिताम्भसः स्फुट सरोजवना जवना नदीः ॥५॥

गजों के अवगाहन से क्षत, अतएव अवतरण मार्गों में कहीं सम और कहीं विषम तटों वाली, श्लाघनीय जलवाली स्नानादि विविध कार्यों के लिए उपयोगी और खिले हुए कमलों वाली वेगवती नदियों को हिमवान धारण किये हुए है।

नवविनिद्रजपाकुसुमत्विषां द्युतिमतां निकरेण महाश्मनाम्।
विहितसान्ध्यमयूखमिव क्वचिन्निचितकाञ्चनभित्तिषु सानुषु ॥६॥

नव विकसित जपा (गुड़हल) पुष्पों की सी आभावाली पद्मराग मणियों के दीप्तिमान समूह के कारण हिमालय के सौवर्ण शिला संघटित शिखर ऐसे शोभित होते हैं मानो उन पर सन्ध्या आविर्भूत हो गई हो।

पृथुकदम्बकदम्बकराजितं ग्रथितमालतमालवनाकुलम्।
लघु तुषारतुषारजलश्च्युतं धृतसदानसदाननदन्तिनम् ॥७॥

वह बड़े बड़े नील कुसुमों के वनों से, सघन पंक्ति वाले तमाल वृक्षों से, तुषार जल शीकरों के वर्षण से तथा मदस्रावी सुन्दर हाथियों से शोभित हो रहा है।

रहितरत्नचयान्न शिलोच्चयानपलताभवना न दरी भुवः।
विपुलिनाम्बुरुहा न सरिद्वधूरकुसुमान्दधतं न महीरुहः ॥८॥

हिमालय के शिलासमूह रत्नों से शून्य नहीं हैं, उसके गुहा प्रदेश लतागृहों से रहित नहीं हैं, उसकी नदियों के तट कमल-शून्य नहीं हैं और उसके वृक्ष और वनस्पतियां पुष्पभार रहित नहीं हैं।

ग्रहविमानगणानभितो दिवं ज्वलयतौषधिजेन कृशानुना।
मुहुरनुस्मरवन्तमनुक्षपं त्रिपुरदाहमुमापति सेविनः ॥९॥

आकाश में चतुर्दिक ग्रहों और देवयानों को दीपित करती हुई, औषधियों से उद्भूत अग्नि द्वारा मानो हिमालय शिवगणों को प्रतिरात्रि त्रिपुर दाह का स्मरण कराता है।

विततशीकरराशिभिरुच्छितैरुपलरोधविवर्तिभिरम्बुभिः।
दधतमुन्नत सानु समुद्धतां धृतसितव्यजनामिव जाह्नवीम् ॥१०॥

हिमालय के उन्नत शिखरों से उद्भूत गंगा शिलाखण्डों पर रुद्ध होकर ऊँचे उठती और फैलती हुई शीकरराशि के कारण ऐसी शोभित होती है, मानो वह श्वेत चामर लिए हुए हो।

—भारवि

हिमवान

जब तें उमा शैल गृह आई।
सकल सिद्धि सम्पति तँह छाई॥
जहँ तहँ मुनिन्ह सुआश्रम कीन्हें।
उचित वास हिम भूधर दीन्हें॥

सदा सुमन फल सहित सब द्रुम नव नाना जाति।
प्रगटी सुन्दर शैल पर मनि आकर बहु भांति।

सरिता सब पुनीत जल बहहीं।
खग मृग मधुप सुखी सब रहहीं।
सहज बयरु सब जीवन्ह त्यागा।
गिरि पर सकल करहिं अनुरागा॥

... ...

निज कर डासि नागरिपु छाला।
बैठे सहजहि शम्भु कृपाला॥
कुन्द इन्दु सम गौर शरीरा।
भुज प्रलम्ब परिधन मुनि चीरा॥
तरुन अरुन अंबुज सम चरना।
नख दुति भगत हृदय तम हरना॥
भुजग भूति भूषण त्रिपुरारी।
आननु सरद चन्द छबिहारी॥

जटा मुकुट सुरसरित सिर लोचन नलिन विसाल।
नीलकंठ लावन्यनिधि सोह बाल विधु भाल॥

—गो० तुलसीदास

हिमालय के प्रति

विरत हो गये तुम ऐसे, इसीलिए आज सर्वांग
तुम्हें घेरे श्यामल पादप फूलों से खिले हैं
वनस्पतियाँ शत - शत वर्षाओं की सुखवर्षिणी
कविताएँ अपने पत्र-पुंजों पर, वल्कलों - शैवालों
और जटाओं पर लिख रही हैं; तुम्हारे सुदुर्गम
शिखर निर्भय विहगावलियों के मधुर कल्लोलों से
मुखरित हैं; तुम्हारे वक्षपट के विस्तार में
नदियों के संग - संग कोटि - कोटि नरनारी
कुटियाएँ बाँध रहे निर्भय निःशंक हो
(याद है वह दिन) जब तुम हे अग्निगिरि!
व्योम की स्पर्धा में कंपित भूमंडल से
तेज-तुल्य उठे थे चन्द्र-सूर्य ग्रसने को
उस दिन प्रलय ही तुम्हारा एक साथी था
(और) जब तुम 'और नहीं, और नहीं' कहकर
रुक गये, चतुर्दिक् से वर्षा हुई सुखमय आस्था की
तुम पर तुमसे ही आस्था को विस्तार मिला जैसे।

× × ×

मानो अनिर्वचनीय आनंद के अव्यक्त आवेग में
आलोक पानकर उदास दक्षिण पवन से
गगन पर भारत - सिन्धु वाष्पोच्छ्वास फेंकता।
हे ऊर्ध्वबाहु नगराज! उद्वाहित मेघ
तुम्हारे ही शिखरों में, छायाच्छन्न गुफाओं में
बन्दी है; प्रत्यावर्त्तित करोगे तुम ही उसे
अनंत जिज्ञासा-रत सागर के हृदय में
देकर उस मेघ को आनन्द नव, प्राण नव—
वैसे ही, जैसे इतनी अवधि से ऊर्ध्वमुख

भारत का हृदय - सिन्धु चिर विशाल वाणी उद्घोषता
अनन्त के ज्योतिस्पर्श से अनन्त को सौंप चुका है
हे हिमाद्रि ! तुम्हारे स्तब्ध शिर में वह संचित है
इसी हेतु तुम्हारे मौन शृंगों में खोजता फिरता
हूँ शान्त - शिव - अद्वैत के संग भारत का परिचय।

--रवीन्द्रनाथ ठाकुर

अनु० प्रबोधकुमार मजूमदार

तरानए हिन्दी से

परबत वो सबसे ऊँचा, हमसाया आसमाँ का !
वह सन्तरी हमारा, वह पासबाँ हमारा !

गोदी में खेलती हैं इसकी हज़ारों नदियाँ !
गुलशन है जिनके दम से रश्के-जिनाँ[1] हमारा !

---

१. ऐसा कि जिससे स्वर्ग को भी ईर्ष्या हो

हिमालय

ए हिमाला! ए फ़सीले - किश्वरे - हिन्दोस्ताँ!
चूमता है तेरी पेशानी को झुक कर आसमाँ!
तुझमें कुछ पैदा नहीं दैरीना - रोज़ी के निशाँ!
तू जवाँ है गर्दिशे - शामो - सहर के दर्मियाँ!

एक जलवा था कलीमे - तूरे - सीना के लिए!
तू तजल्ली है सरापा चश्मे - बीना के लिए!

इम्तहाने - दीदए - ज़ाहिर में कोहिस्ताँ है तू,
पासबाँ अपना है तू, दीवारे - हिन्दुस्ताँ है तू!
मतलए - औवल फ़लक जिसका हो बो दीवाँ तू;
सूए-खिलवतगाहे-दिल दामनकशे-इन्साँ है तू!

बर्फ़ ने बाँधी है दस्तारे - फ़ज़ीलत तेरे सर,
खन्दाज़न है जो कुलाहे - मेहरे - आलमताब पर!

फ़सील, दीवार। किश्वर, देश। पेशानी, माथा। पैदा नहीं, प्रकट नहीं। दैरीना-रोज़ी, वृद्धता। कलीम, हज़रत मूसा, जिन्होंने तूरे-सीना पर्वत पर ईश्वर की परम ज्योति का दर्शन किया था। तजल्ली, ज्योति; जलवा। सरापा, संपूर्णतया। चश्मे-बीना, देखने वाली (तत्व-दृष्टा) आँख। इम्तहाने-दीदए-ज़ाहिर में, बाह्य रूप की परीक्षा करने वाली दृष्टि। कोहिस्ताँ, पहाड़। पासबाँ, चौकसी रखने वाला। मतलए-औवल, ग़ज़ल या क़सीदा ('प्रशस्ति-काव्य') का पहला शेर। फ़लक, व्योम। दीवान, काव्य-संग्रह। सूए-ख़िलवतगाहे-दिल, हृदय के अंतरंग की ओर। दामनकशे-इन्साँ, मानव मात्र का दामन खींचने वाला। दस्तारे-फ़ज़ीलत, श्रेष्ठ सम्मान की पगड़ी। ख़न्दाज़न है, हँसती है। कुलाहे-मेहरे-आलमताब, विश्व को ज्योतित-प्रकाशित करने वाले सूर्य की टोपी (या ताज)।

तेरी उम्रे - रफ्ता की एक आन है अहदे - कुहन,
वादियों में हैं तेरी काली घटाएं खेमाज़न।
चोटियाँ तेरी सुरैया से हैं सरगर्मे - सख़नः
तू ज़मीं पर, और पहनाए - फ़लक तेरा वतन!

चश्चए - दामन तेरा आईनए - सैयाल है,
दामने - मौजे - हवा जिसके लिए रूमाल है!

अब्र के हाथों में रहवारे - हवा के वास्ते
ताज़ियाना दे दिया बर्क़े - सरे - कुहसार ने!
ए हिमाला! कोई बाज़ीगाह है तू भी, जिसे
दस्ते - कुदरत ने बनाया है अनासर के लिए?

हाय, क्या फ़र्ते - तरब में झूमता जाता है अब्र!
फ़ीले - बेज़ंज़ीर की सूरत उड़ा जाता है अब्र!

जुँबिशे - मौजे - नसीमे - सुबह गहवारा बनी
झूमती है नशऽए - मस्ती में हर गुल की कली!
यों ज़बाने - बर्ग से गोया है उसकी ख़ामुशी।
'दस्ते - गुलचीं की झटक मैंने नहीं देखी कभी!'

कह रही है: 'मेरी ख़ामोशी है अफ़साना मेरा!
कुंजे - ख़िलवतख़ानए - क़ुदरत है काशाना मेरा!'

उम्रे-रफ्ता, गत जीवन या आयु। आन, क्षण मात्र। अहदे-कुहन, प्राचीन युग। सुरैया, कृत्तिका मंडल। सरगर्मे-सख़न, वार्तालाप में लीन। पहनाए-फ़लक, आकाश का विस्तार। चश्मा, झरना। आईनए-सैयाल, प्रवाहमय दर्पण। अब्र, बादल। रहवार, घोड़ा। ताज़ियाना, कोड़ा। बर्क़, बिजली। कुहसार, पहाड़। बाज़ीगाह, क्रीड़ास्थल। दस्ते-क़ुदरत ने, प्रकृति के हाथों ने। अनासार, पंचभूत। फ़र्ते-तरब में, ख़ूब मस्ती में। फ़ील, हाथी। नसीम, सुबह की नर्म और भीनी हवा। गहवारा, पालना, झूला। ज़बाने-बर्ग से, पंखड़ी-रूपी मुख से। गोया है, बोल रही है। दस्ते-गुलचीं, फूल तोड़ लेने वाले के हाथ। कुंजे-ख़िलवतख़ानए-क़ुदरत, प्रकृति के एकान्त का कोना। काशाना, घर।

आती है नद्दी फ़राज़े - कोह् से गाती हुई,
कौसर् - ओ - तस्नीम की मौजों को शर्माती हुई !
आइना - सा शाहिदे - क़ुदरत को दिखलाती हुई,
संगे - रह से गाह बचती, गाह टकराती हुई !
छेड़ती जा इस इराक़े - दिलनशीं के साज़ को
ए मुसाफ़िर, दिल समझता है तेरी आवाज़ को !

लैलिए - शब खोलती है आ के जब ज़ुल्फ़े - रसा,
दामने - दिल खींचती है आबशारों की सदा।
वह ख़मोशी शाम की, जिस पर तकल्लुम हो फ़िदा !
वह दरख़्तों पर तफ़क्कुर का समाँ छाया हुआ !
काँपता फिरता है क्या रंगे - शफ़क़ कुहसार पर !
ख़ुशनुमा लगता है यह ग़ाजा तेरे रुख़सार पर।

ए हिमाला ! दास्ताँ उस वक्त की कोई सुना,
मस्कने - आबाए - इन्साँ जब बना दामन तेरा !
कुछ बता उस सीधी - सादी ज़िन्दगी का माजरा,
दाग़ जिस पर ग़ाज़ए - रंग - तकल्लुफ़ का न था !
हाँ, दिखा दे, ए तसौवुर, फिर वो सुबहो-शाम तू !
दौड़ पीछे की तरफ़, ए गर्दिशे - ऐय्याम, तू !

—इकबाल

फ़राज़े-कोह से, पहाड़ की ऊँचाइयों से। कौसर, तस्नीम, जन्नत (स्वर्ग) की दो नहरों के नाम हैं। शाहिदे-क़ुदरत, प्रकृति-रूपी सुंदरी, प्रेयसी। संगे-रह, राह के रोड़े, पत्थर। गाह, कभी। इराक़, एक राग का नाम, जो सुबह लगभग ८-९ बजे गाया जाता है। दिल-नशीं, हृदय में बसा हुआ। लैलिए-शब, रात्रि-रूपी लैला। ज़ुल्फ़े-रसा, लंबे बाल। आबशार, झरने। सदा, आवाज़। तकल्लुम, वाणी। तफ़क्कुर, चिंतन। शफ़क़, सुबह या शाम की लाली। ग़ाज़ा, पराग, पौडर। रुख़सार, गाल। मस्कन, रहने की जगह। आबाए-इन्साँ, आदि मानव-पूर्वज। तसौवुर, कल्पना। ए गर्दिशे-ऐय्याम, ए समय के चक्र।

जयगान

हम करेंगे आज भारत देश का
जयगान !
द्वेष-दुख का अन्त होगा,
अब न त्रास दुरन्त होगा,
आज फहरेगा हमारा
एक विजय निशान !
हम करेंगे आज भारतवर्ष का
जयगान !
यश का गान !

रजत श्रृंग तुषारशेखर,
तुंग यह हिमवान गिरिवर,
हम यहां निर्द्वन्द होकर
बनेंगे गतिवान !
हम करेंगे आज भारतभूमि का
जयगान !
यश का गान !

पोत-दल शत शत तरेंगे,
पश्चिमी सागर भरेंगे,
गर्जना में ध्वनित होगा
देश - गौरव - मान !
हम करेंगे आज भारतवर्ष का
जयगान !
यश का गान !

बनें विद्याभवन शोभन,
देवमन्दिर से सुपावन,
हम कहेंगे देश भारत
ज्ञानवृद्ध महान !
हम करेंगे आज भारत देश का
जयगान !
यश का गान !

—सुब्रह्मण्यम भारती

अनु० महादेवी

५

मातृवन्दना

अयि जननी तेरा वन्दन है!
चिर वरेण्य तेरा वन्दन है!

सिन्धु तरंगें तेरी अनुचर;
सुन्दर चरणों में पहनाती
ये रजताभ फेन के नूपुर;
पर उनको सन्तोष न होता,
पहनातीं उतारतीं फिर फिर;
कहतीं 'हे माता वन्दन है,
हे अनुपम हे चिर सुहागिनी
जननी तेरा अभिनन्दन है।'

चिर वरेण्य तेरा वन्दन है।

यह वारिद चल विद्युत्वाला,
घन गर्जन के पटह बजाता
बनता स्वर्णिम दीपक-माला।
इन्द्रधनुष-तोरण वर्षोत्सव,
यह अनुपम भृगु-क्षेत्र निराला।
मातृभूमि तेरा वन्दन है!
शस्यधरा अयि अन्नपूर्णा
माता तेरा अभिनन्दन है!

चिर वरेण्य तेरा वन्दन है।

मलयपवन से खेल खेल कर,
विजय-वैजयन्ती सी शोभित,
शीश डुलातीं गिरि-शिखरों पर;
ये एला वल्लरियाँ तेरा

सौरभ फैलातीं न कहाँ पर?
जन-जननी तेरा वन्दन है!
हे अनुपम हे गुण-गणग्राहक
माता तेरा अभिनन्दन है।

चिर वरेण्य तेरा वन्दन है।

बन्धु-स्नेह-डोरे में कोमल
भांति भांति के सुमन गूँथ हम
माला एक बना लें प्रेमिल!
माता के उर पर शोभित वह
हो निवृत्तिमय, हो चिर उज्ज्वल!
स्नेहमूर्ति तेरा वन्दन है;
ओ अद्वैत-मन्त्र की ज्ञाता
माता तेरा अभिनन्दन है!

चिर वरेण्य तेरा वन्दन है!

—वल्लतोल
अनु० महादेवी

रजत-गिरि कैलास

'सो सही'—ज्योंही कहा यानेश ने,
यान उतरे त्वरित ओर नगेश के।
पर्वतस्थल के निकट वह यान दल जब आ गया,
दृष्टि में वह सृष्टि का सौन्दर्य दूना छा गया।
कहीं रिमझिम भरी झरनों की बहार,
है सुरभि के साथ पावस का विहार!
परम शीतल पवन भी इस भांति आती है चली,
शरद को भी प्रिय लगी मानो मनोहर ये थली।
वृंद - वृंद उमंग संग विहंग हैं,
शब्द सरसीले छबीले रंग है।
कहीं कस्तूरी चमर-युत विविध चारु कुरंग हैं,
सिद्ध गायन के कहीं दरसे रसायन अंग हैं।
देवता का भाव व्यापक है अपार,
देव-धारा! देव-दारा! देवदार!
देव - ऋषियों का तपस्थल! देव-माया का विभास,
देव-देव-महेश-प्रिय! जय अचल देव प्रभा-निवास!
वाह, कैसा निर्जनत्व प्रभाव है!
शैल पै कैवल्य का बस भाव है!
सत्य को - सी तर्जनी हिम-श्रृंग के मिस ठौर-ठौर,
ज्ञानियों को दे रही थी शुद्ध शिक्षा और और—
. . . .
आप्त जन उपदेश यों देते हुए,
प्रेम से बोले—'नमः श्री शंभवे!'
यान उतरे स्थित हुए जब उस धरा छवि-रास पै,
कहा यानाधीश ने—'यह रजत गिरि कैलास है।'

—राय देवी प्रसाद 'पूर्ण'
१८६५-१९१५

वीरभोग्या वसुन्धरा

प्रथित पुरातन नाम भूमि का वसुन्धरा है;
क्योंकि विश्व-भर का इसमें सर्वस्व भरा है।
उसका परम पुनीत अंग प्रिय भरत देश है,
जिसमें वसुधा के सर्वस का समावेश है।

उस सर्वस के उपभोग के अधिकारी हैं हम सभी,
इस वसुन्धरा के वीर सुत बलधारी हैं हम सभी।

देश गीत

जय जय प्यारा भारत - देश !

जय जय प्यारा, जग से न्यारा,
शोभित सारा देश हमारा,
जगत - मुकुट, जगदीश - दुलारा,
जग - सौभाग्य, सुदेश !
जय जय प्यारा भारत - देश !

प्यारा देश, जय देशेश,
अजय अशेष, सदय विशेष,
जहाँ न सम्भव अघ का लेश,
सम्भव केवल पुण्य - प्रवेश !
जय जय प्यारा भारत देश !

स्वर्गिक शीश - फूल पृथिवी का,
प्रेम - मूल, प्रिय लोकत्रयी का,
सुललित प्रकृति - नटी का टीका,
ज्यों निशि का राकेश।
जय जय प्यारा भारत - देश !

जय जय शुभ्र हिमाचल - श्रृंगा,
कल - रव - निरत कलोलिनि गंगा!
भानु - प्रताप - चमत्कृत अंगा !
तेज - पुंज तप - वेश !
जय जय प्यारा भारत - देश !

जग में कोटि - कोटि जुग जीवै,
जीवन - सुलभ अमी - रस पीवै,
सुखद वितान सुकृत का सीवै,

रहै स्वतन्त्र हमेश।
जय जय प्यारा भारत - देश!

—श्रीधर पाठक
१८६०-१९२९

मातृभूमि

नीलाम्बर परिधान हरित पट पर सुन्दर है,
सूर्य चन्द्र युग मुकुट मेखला रत्नाकर है।
नदियाँ प्रेम प्रवाह, फूल तारे मण्डन हैं,
बन्दी जन खगवृन्द शेष-फन सिंहासन है।

करते अभिषेक पयोद हैं बलिहारी इस वेष की,
हे मातृभूमि! तू सत्य ही सगुण मूर्ति सर्वेश की।

जिसकी रज में लोट लोट कर बड़े हुए हैं,
घुटनों के बल सरक सरक कर खड़े हुए हैं,
परम हंस सम बाल्यकाल में सब सुख पाये,
जिसके कारण धूल भरे हीरे कहलाये,

हम खेले-कूदे हर्षयुत जिसकी प्यारी गोद में,
हे मातृभूमि ! तुझको निरख मग्न क्यों न हों मोद में !

पाकर तुझसे सभी सुखों को हमने भोगा,
तेरा प्रत्युपकार कभी क्या हमसे होगा ?
तेरी ही यह देह तुझी से बनी हुई है,
बस तेरे ही सुरस सार से सनी हुई है।

फिर अन्त समय तू ही इसे अचल देख अपनायगी,
हे मातृभूमि ! यह अन्त में तुझमें ही मिल जायगी।

निर्मल तेरा नीर अमृत के सम उत्तम है,
शीतल मन्द सुगन्ध पवन हर लेता श्रम है।
षड् ऋतुओं का विविध दृश्ययुत अद्भुत क्रम है,
हरियाली का फर्श नहीं मखमल से कम है।

शुचि सुधा सींचता रात में तुझ पर चन्द्र प्रकाश है,
हे मातृभूमि ! दिन में तरणि करता तम का नाश है।

सुरभित, सुन्दर, सुखद सुमन तुझ पर खिलते हैं,
भाँति भाँति के सरस सुधोपम फल मिलते हैं,
ओषधियाँ हैं प्राप्त एक से एक निराली,
खानें शोभित कहीं धातु वर रत्नों वाली।

जो आवश्यक होते हमें मिलते सभी पदार्थ हैं,
हे मातृभूमि वसुधा, धरा तेरे नाम यथार्थ हैं।

दीख रही हैं कहीं दूर तक शैल - श्रेणी,
कहीं घनावलि बनी हुई है तेरी वेणी।
नदियाँ पैर पखार रही हैं बनकर चेरी,
पुष्पों से तरुराजि कर रही पूजा तेरी।

मृदु मलय-वायु मानों तुझे चन्दन चारु चढ़ा रही,
हे मातृभूमि! किसका न तू सात्विक भाव बढ़ा रही !

... ...

जिस पृथिवी में मिले हमारे पूर्वज प्यारे,
उससे हे भगवान कभी हम रहें न न्यारे।
लोट लोट कर वहीं हृदय को शान्त करेंगे,
उसमें मिलते समय मृत्यु से नहीं डरेंगे।

उस मातृभूमि की धूल में जब पूरे सन जायँगे,
होकर भव-बन्धन-मुक्त हम आत्मरूप बन जायँगे।

गन्धमादन

देखते थे दृश्य नित्य नये नये वे,
अन्त में गिरि गन्धमादन को गए वे।

सहज था किसको वहाँ का पन्थ चलना?
घन गहन में कठिन किरणों का निकलना।

अद्रि स्वागत कर उठा हिम-हास करता,
था निसर्ग वहाँ निरन्तर वास करता।

आ गए कैसे, कहाँ से, कब, कहाँ वे,
आप अपने को विचित्र लगे वहाँ वे।

प्रकृति-पुरुष-दुर्ग सा सम्मुख खड़ा था,
किन रहस्यों से भरा कितना बड़ा था!

'अनुज लगता है मुझे इस ठौर ऐसा,
मनुज का संसार है संकीर्ण कैसा!

केश क्या निज रोम तक इसने पकाये,
काल कितने देख इसको अकचकाये।

सिद्ध योगी-सा समाधि निमग्न यह,
भूमि से उठ गगन से संलग्न है यह!

देवदारु समान ऊँचे और मोटे,
वृक्ष इसके निकट छत्रक तुल्य छोटे।

मग्न से होकर जलद स्रोतस्वरों में,
मकड़-जाल बने पड़े हैं गह्वरों में!

बाहु नभ में और पद पाताल में हैं,
प्रकट कटि-पट विटपियों के जाल में हैं।

शैलराज सहस्र शीर्षोपम बड़ा है,
वरद विभु सा अभय मुद्रा में खड़ा है!

सरस शत शत निर्झरों के नीर से है,
द्रवित-सा यह प्राण और शरीर से है!

ठौर अन्तर्बाह्य तृष्णा-शान्ति का यह,
है ठिकाना एक ही अक्लान्ति का यह।

डाल दरियों पर घटाओं की जवनिका,
सभ्य श्वापद भी बना इसकी अवनि का।

एक रव की गूंज कितने ठौर से है,
बन गई वसुधा बनी इस मौर से है!

उठ तपन को यदि न शान्त किये रहे यह,
लोक उसका तेज तो कैसे सहे वह?

शून्य भर कर यह रजत-मन्दिर बढ़ा है,
मिहिर हीरक-कलश-सा इस पर चढ़ा है!

अवनि अम्बर का यही मध्यस्थ अपना,
सुन रहा है ध्यान से हँसना-विलपना।

—मैथिलीशरण गुप्त
जन्म १८८६

वीर पूजा

पा प्यारा अमरत्व,
अमर आनन्द अभय पा,
विश्व करे अभिमान,
वीर्य बल पूर्ण, विजय पा,
जागृति जीवन ज्योति
ज़ोर से हो, तू दमके,
परम कार्य का रूप बने,
वसुधा में चमके,

तू भुजा उठा दे हे जयी!
जग चक्कर खाने लगे,
दुखियों के हिय शीतल बनें,
जगतीतल हुलसाने लगे।

तेरे कन्धों चढ़े,
जगत जीवन की आशा,
तेरे बल पर बढ़े,
जाति, जागृति, अभिलाषा,
कसी रहे कटि कर्म
महा वारिधि तरने को
गरुड़ छोड़, पद चलें,
दुखी का दुख हरने को।

वह प्रेम सूत्र में गुँथ रहा,
दुखियों के मन का हार है,
वसुधा का बल संचार ही,
श्री चरणों का उपहार है।

आ, आहा! यह दिव्य
देश दर्शन दिखला, आ!
उलट पलट के विकट
कर्म कौशल सिखला, आ!

'जय हो' यह हुंकार
हृदय दहलाने वाली!
काँप उठी उस
वन प्रदेश की डाली डाली!

ले, श्री मनुष्यता मत्त हो
विजय ध्वनि आराधे खड़ी,
श्री प्रकृति प्रेम पगली बनी
वीणा के स्वर साधे खड़ी।

आहा! पन्द्रह कोटि
हार ले, आये आली,
जगमग जगमग हुई
कोटि पन्द्रह ये थाली,
अर्घ्य दान के लिए
हिमालय आगे आये,
रत्नाकर ये खड़े,
धुलें श्री चरण सुहाये!

यह हरा हरा भावों भरा
कर्मस्थल स्वीकार हो,
नवजीवन का संचार हो, क्यों हो?
कृति हो, हुंकार हो।

—माखनलाल चतुर्वेदी

जन्म १८८८

द्विविधा

लम्बे सीधे सघन इकट्ठे
विविध विटप अवली से शोभित,
चिड़ियों की चह चह से जाग्रत
झरनों से दिन रात निनादित;

पर्वत की उपत्यका में है
कितना सुख ! कितना आकर्षण!
शान्ति स्वस्थता बाँट रहा है
सतत जहाँ का एक-एक क्षण।

वहीं कहीं दूर्वादल शोभित
कोमल समतल विशद धरा पर,
कस्तूरी मृग ने चर-चर कर
जिसको है कर दिया बराबर;

बैठ प्रिया की मधुर गिरा में
उसके अन्तस्तल का सुन्दर,
चित्र देख कर मैं करता हूँ
उस पर निज सर्वस्व निछावर।

पर्वत-शिखरों का हिम गलकर
जल बनकर नालों में आकर,
छोटे बड़े चीकने अगणित
शिला-समूहों से टकरा कर;

गिरता, उठता फेन बहाता
करता अति कोलाहल 'हर हर',
वीर-वाहिनी की गति से वह
बहता रहता है निशि वासर।

मानो जलदों के शिशुगण, दल
बाँध खेलते हुए परस्पर,
अति उतावलेपन से चलकर
गोल पत्थरों पर गिर-गिर कर;

उठते करते नृत्य विहँसते
तथा मनाते हुए महोत्सव,
सागर से मिलने जाते हैं
पथ में करते हुए महारव।

इनका बाल-विनोद देखते
हुए किसी तीरस्थ शिला पर,
सतत सुगन्धित देवदारु की
छाया में सानन्द बैठ कर;

सिर धर हरि के पद पद्मों पर
करके जीवन-सुमन समर्पण,
बना नहीं सकता क्या कोई
अपने को आनन्द-निकेतन?

—रामनरेश त्रिपाठी
१८८९-१९६१

हिमालय के प्रांत

हिमालय ! हिम-शेखर ! हिम-प्राण ! दिव्यता के तुम हो अवतार,
उच्चता के तुम हो आदर्श, देश के गौरव हो साकार !

खड़े हो प्रहरी-सदृश सगर्व भव्य भारत के तुम निर्भीक,
लिये हो युग-युग के स्मृति-चिह्न विपुल वैभव के अमर प्रतीक।

विविध तरु-लता-वेलि-सम्पन्न प्रकृति के तुम हो सुषमागार,
सुगन्धित मृगमद से सब काल मही के हो मनोज्ञ श्रृंगार।

दिवस में स्वर्ण-शैल अभिराम, निशा में रजत-शैल अवदात,
मनोरम गैरिक-शैल ललाम ज्ञात होते हो सायं-प्रात।

निकटवर्ती नभ का आलोक तुम्हें देता है कान्ति नवीन,
निशा में होता तारक-लोक तुम्हारे अंक-मध्य आसीन।

तुम्हारे वन हैं नन्दन-तुल्य ग्राम हैं सुरपुर-से छवि-धाम,
हो गया है तुम पर अवतीर्ण गगन से देवलोक अभिराम।

तुम्हीं में पाता है मधु-मास मनोहर उत्फुल्लता ललाम,
तुम्हीं में होता है चरितार्थ प्रथित मधु का कुसुमाकर नाम।

चन्द्रमा भी बन कर शीतांशु तुम्हें देता है सुखद प्रकाश,
ग्रीष्म भी बनता है मधुमास पहुँच कर सदा तुम्हारे पास।

दिखाते हो सबसे अनुराग, सिखाते हो तुम पर उपकार,
किया करते हो तुम, हिमवान! देश में प्रेम-भाव संचार।

नहीं सह सकते हो तुम ताप, शीघ्र होते हो द्रवित अपार,
बुझाने को जगती की प्यास बहा दी है नदियों की धार।

पावनी सुर-सरिता की धार तुम्हें करती है सदा पुनीत,
गूँजते हैं तुममें अविराम चिरन्तन देव-लोक के गीत।

ज्ञान-निधि वेद पुराण प्रसिद्ध हुए हैं तुममें आविर्भूत,
तुम्हारे तपोवनों में दिव्य हुए हैं अगणित ग्रन्थ प्रसूत।

दिये तुमने भारत को दिव्य न जाने कितने नये विचार,
तुम्हारे श्रृंगों से गिरिवर्य! विविध धर्मों का हुआ प्रचार!

पली थी आर्य-सभ्यता चारु तुम्हारे चरणों ही के पास,
तुम्हारे प्रांगण में ही मंजु कलाओं का था हुआ विकास।

न जाने कितने अनुपम रत्न छिपे हैं तुममें तेज-निधान,
जिन्हें यह भौतिकवादी विश्व अभी तक सका नहीं पहचान।

विश्व के छल-प्रपंच से ऊब मनुज जो होते हैं हतज्ञान,
शरण में उनको देकर स्थान शान्ति करते हो शीघ्र प्रदान।

भेजते रहते हो तुम मौन देश को नित्य नये सन्देश,
दिखाते आत्मोन्नति का मार्ग ज्ञान का देते हो उपदेश।

कथाएँ भारत की प्राचीन तुम्हें हैं हस्तामलक-समान,
जानते हो वह भी इतिहास किसी को हुआ न जिसका ज्ञान।

विश्व के दो भागों के बीच खड़े हो तुम मध्यस्थ समान,
शान्ति-रक्षा के शैलाधीश! स्वयं तुम हो प्राकृतिक विधान।

हजारों उथल-पुथल के दृश्य सैकड़ों पतन और उत्थान,
देख कर भी न कदापि अधीर हुए तुम लोकोत्तर धृतिमान।

उठा कर निज गर्वोन्नत शीश देखते हो तुम जग की ओर,
न छू पाता है मद-मालिन्य तुम्हारे स्वच्छ हृदय का छोर।

प्रकृति के हो तुम मन्दिर मंजु धरा की पवित्रता के धाम,
विश्व के हो तुम श्रद्धा-पात्र, रूप है रुचिर, मधुर है नाम।

रहा है तुमको प्राप्त सदैव तपस्वी ऋषि-मुनियों का प्यार,
गुफाओं में संचित है दिव्य युगों का अतुल ज्ञान-भण्डार।

दिया तुमने गिरिजा को जन्म, जिसे पाने को स्वयं महेश,
हो गये सगुण-प्रेम में लीन, छोड निर्गुण का ध्यान विशेष।

इधर भारत की सुन्दर भूमि उधर तिब्बत की धरा ललाम,
तुम्हारे चरणों पर रख शीश सदा करती हैं तुम्हें प्रणाम।

छिपा है तुममें प्रचुर रहस्य जगत के जीवन का अमरत्व,
शिलाओं में हैं अंकित दिव्य मनुजता के अध्यात्मिक तत्त्व।

तुम्हारे दृश्यों में है काव्य, निर्झरों में है मृदु संगीत,
श्वेत शिखरों में उच्चादर्श, वनों में हैं सद्भाव पुनीत।

व्योम से स्पर्शित पर्वतराज! तुम्हारे उच्च शिखर छबिमान,
वारिदों के विश्राम-स्थान बने हैं सुरपुर के सोपान।

ज्ञात होते हैं नित्य नवीन तुम्हारे शुचि प्रदेश प्राचीन,
तुम्हारा है नैसर्गिक रूप, स्वच्छ, निर्मल, आडम्बरहीन।

वहन करते हो तुम सब काल देश-रक्षा का गुरुतर भार,
तपश्चर्या करते हो नित्य कि सन्तत सुखी रहे संसार।

—गोपालशरण सिंह
१८८९-१९६०

प्रयाणगीत

हिमाद्रि तुंग श्रृंग से
प्रबुद्ध शुद्ध भारती
स्वयंप्रभा समुज्ज्वला
स्वतन्त्रता पुकारती

'अमर्त्य वीरपुत्र हो, दृढ़प्रतिज्ञ सोच लो

प्रशस्त पुण्य पन्थ है -
बढ़े चलो, बढ़े चलो।'

असंख्य कीर्ति - रश्मियाँ
विकीर्ण दिव्य दाह - सी।
सपूत मातृभूमि के -
रुको न शूर साहसी।

अराति सैन्य-सिन्धु में सुवाडवाग्नि से जलो,

प्रवीर हो जयी बनो
बढ़े चलो, बढ़े चलो।

हिमालय

विश्व-कल्पना-सा ऊँचा वह
सुख शीतल संतोष निदान,
और डूबती सी अचला का
अवलम्बन मणि रत्न निधान।

अचल हिमालय का शोभनतम,
लता-कलित शुचि सानु शरीर,
निद्रा में सुख स्वप्न देखता
जैसे पुलकित हुआ अधीर।

उमड़ रही जिसके चरणों में,
नीरवता की विमल विभूति,
शीतल झरनों की धारा में
बिखराती जीवन अनुभूति।

उस असीम नीले अंचल में
देख किसी की मृदु मुस्कान,
मानो हँसी हिमालय की है
फूट चली करती कल गान।

शिला-संधियों में टकराकर
पवन भर रहा था गुंजार,
उस दुर्भेद्य अचल दृढ़ता का
करता चारण सदृश प्रचार।

संध्या घन-माला की सुन्दर
ओढ़े रंग-बिरंगी छींट,
गगन-चुम्बिनी शैल-श्रेणियाँ,
पहने हुए तुषार-किरीट।

विश्व, मौन, गौरव महत्व की
प्रतिनिधियों सी भरी विभा,
इस अनन्त प्रांगण में मानों
जोड़ रही हो मौन सभा।

वह अनन्त नीलिमा व्योम की
जड़ता सी जो शान्त रही,
दूर दूर ऊँचे से ऊँचे
निज अभाव में भ्रान्त रही।

उसे दिखाती जगती का सुख,
हँसी और उल्लास अजान,
मानो तुंग तरंग विश्व की
हिमगिरि की वह सुढर उठान।

थी अनन्त की गोद सदृश जो
विस्तृत गुहा वहाँ रमणीय,
उसमें मनु ने स्थान बनाया,
सुन्दर स्वच्छ और वरणीय।

. . . .

श्रम ताप और पथ-पीड़ा
क्षण भर में थे अन्तर्हित,
सामने विराट धवल नग
अपनी महिमा से विलसित।

उसकी तलहटी मनोहर
श्यामल तृण वीरुध वाली;
नव कुंज गुहा-गृह सुन्दर
ह्रद से भर रही निराली।

वह मंजरियों का कानन
कुछ अरुण पीत हरियाली;
प्रतिपर्व सुमन संकुल थे
छिप गईं उन्हीं में डाली।

मरकत की वेदी पर ज्यों
रक्खा हीरे का पानी;
छोटा सा मुकुर प्रकृति का
या सोई राका रानी।

दिनकर गिरि के पीछे अब
हिमकर था चढ़ा गगन में;
कैलास प्रदोष प्रभा में
स्थिर बैठा किसी लगन में।

सन्ध्या समीप आई थी
उस सर के वल्कलवसना,
तारों से अलक गुँथी थी
पहने कदम्ब की रसना।

खग कुल किलकार रहे थे
कलहंस कर रहे कलरव,
किन्नरियाँ बनी प्रतिध्वनि
लेती थीं ताने अभिनव।

मनु बैठे ध्यान निरत थे
उस निर्मल मानस तट में;
सुमनों की अंजलि भर कर
थी श्रद्धा खड़ी निकट में।

—जयशंकर 'प्रसाद'

१८८९–१९३७

अमृताचल

ऊर्ध्व मंच से उतर प्रतीची के प्रांगण में,
विलट रहे थे जहाँ स्वर्ण-हय-गज क्षण क्षण में,
हुआ दिवाकर रक्त जवनिका में अन्तर्हित,
बाहर जिसकी रश्मि-गिरा अब भी थी मुखरित।

सूनापन बढ़ चला. शैल के सूनेपन में,
मुँदने को हो उठे नयन ज्यों मूक बदन में,
बिखरे आभा रत्नकणों का संचय करती,
दरसी सन्ध्या अधोमुखी धीरे पग धरती।
रुका पवन चुपचाप लगा लेने आहट-सी,
आ पहुँचा तमसान्धकार क्या कहीं निकट ही।

. . . .

थी यह अन्तिम शिला कि जिस पर आरोहण कर,
दीखेगा यों प्रथम बार हृद किञ्चित कण भर—
शैल-द्रुमों की किसी सन्धि में से ज्यों झलमल,
झाँक रहे हों नेत्र किसी के नीलम-निर्मल।

निस्तल का यह सलिल पलायित बालक के सम,
धर धरती में गहन गर्भगत मार्ग सुदुर्गम,
उत्सवेग में उच्च अद्रि पर आरोहण कर,
ताक रहा था नील गगन को शिलाशयन पर।
इस गिरि का जलकुण्ड वही नव नीलम निर्मल,
नीलकण्ठ की स्मरण - साधना में था अविचल।

●

पूजन

पद-पूजन का भी क्या उपाय ?
तू गौरव-गिरि उत्तुंग काय !

तू अमल-धवल है, मैं श्यामल,
ऊँचे पर हैं तेरे पद-तल,
यह हूँ मैं नीचे का तृण-दल
पहुँचूँ उन तक किस भाँति हाय!
तू गौरव-गिरि उत्तुंग काय !

हों शत-शत झंझावात प्रबल,
फिर भी स्वभावतः तू अविचल।
मैं तनिक-तनिक में चिर चंचल,
मेटूँ कैसे यह अन्तराय ?
तू गौरव-गिरि उत्तुंग काय !

अविरत तेरा करुणा - नर्झर
अगणित धाराओं से झर झर,
जीवित रखता है जीवन भर
मेरा यह जीवन जड़ित प्राय?
तू गौरव-गिरि उत्तुंग काय !

हैं जहाँ अगम्य दिवाकर - कर
तेरे गह्वर भी आकर - वर,
हैं ऊँचों से भी ऊँचे पर,
मन उन तक भी किस भाँति जाय ?
तू गौरव-गिरि उत्तुंग काय !

—सियारामशरण गुप्त
जन्म १८९५

हिन्दुस्थान हमारा है

कोटि कोटि कण्ठों से निकली
आज यही स्वर - धारा है,
भारतवर्ष हमारा है, यह
हिन्दुस्थान हमारा है।

यहाँ प्रथम मानव ने खोले
निंदियारे लोचन अपने,
इसी नभ तले उसने देखे
शत - शत नवल - सृजन सपने;
यहाँ उठे, 'स्वाहा!' के स्वर औ'
यहाँ स्वधा के मन्त्र बने,
ऐसा प्यारा देश पुरातन
ज्ञान निधान हमारा है!

भारतवर्ष हमारा है, यह
हिन्दुस्थान हमारा है।

विन्ध्य, सत्पुड़ा, नागा, खसिया,
ये दो औघट घाट महा,
भारत के पूरब - पश्चिम के
ये दो भीम कपाट महा,
तुंग - शिखर, चिर - अटल हिमाचल
है पर्वत - सम्राट यहाँ,
यह गिरिवर बन गया युगों से
विजय - निशान हमारा है!

भारतवर्ष हमारा है, यह
हिन्दुस्थान हमारा है।

(२)

हैं आसन्न-भूत अति उज्ज्वल,
है अतीत गौरव शाली,
औ छिटकी है वर्तमान पर
बलि के शोणित की लाली,
नव-ऊषा-सी विजय हमारी
विहँस रही है मतवाली
हम मानव को मुक्त करेंगे
यही विधान हमारा है!

भारतवर्ष हमारा है, यह
हिन्दुस्थान हमारा है।

गरज उठे चालीस कोटि जन
सुन ये वचन उछाह - भरे,
काँप उठे प्रति पक्षी जनगण,
उनके अन्तस्तल सिहरे,
आज नये युग के नयनों से
ज्वलित अग्नि के पुंज भरे!
कौन सामने आयेगा? यह
देश महान हमारा है!

भारतवर्ष हमारा है, यह
हिन्दुस्थान हमारा है।

—बालकृष्ण शर्मा 'नवीन'
१८९७—१९६०

नगाधिराज के शिखर चमक चमक उठे

बदल गये दिवस, बदल महा निशा गईं,
कि सूर्य, चन्द्र, मेघ औ' बदल उषा गईं,
निशा गईं बदल महान् अन्धकार की,
कि जीत में गयी बदल पुकार हार की !

अरे महान् देश के महान् अंग तुम,
रहे स्वदेश शक्ति में विवेक संग तुम,
स्वदेश है विपत्तिग्रस्त प्राण, ओज दो,
स्वशक्ति का स्वदेश में खिला सरोज दो !

नगाधिराज के शिखर चमक चमक उठे,
सुधांशु पीत सिन्धु जल लपक लपक उठे,
कि प्राण में लहर उठे चमक उठे धरा,
अनन्त शक्ति उर्वरा बने वसुन्धरा।

—उदयशंकर भट्ट
जन्म १८९७

भारती-वन्दना

भारति, जय, विजय करे
कनक - शस्य - कमल धरे !

लंका पदतल - शतदल,
गर्जितोर्मि सागर - जल,
धोता शुचि चरण - युगल
स्तव कर बहु अर्थ - भरे !

तरु - तृण - वन - लता - वसन,
अञ्चल में खचित सुमन,
गंगा ज्योतिर्जल - कण
धवल - धार हार गले !
मुकुट शुभ्र हिम - तुषार,
प्राण प्रणव ओंकार,
ध्वनित दिशायें उदार,
शतमुख - शतरव - मुखरे !

—सूर्यकान्त त्रिपाठी 'निराला'
१८९८—१९६१

शैल-बाला

हरियाली से भरी हुई है घाटी की गहराई,
जिसमें खग कूजन की धारा फिरती है लहराई।
शिला खण्ड में मूर्ति बनाती, धार वारि छेनी से,
मग में रुक कुछ कह लेती है, भोली मृगनयनी से।

गिरती पड़ती चक्कर खाती, नाच भँवर में, गाती,
सुमन-राशि अंचल में भरती, मदमाती, इठलाती।
गूँथ गूँथ, सरि ने शृंगों को वनमाला पहनाई,
सुर वधुएँ देखा करती हैं यह शोभा ललचाई।

लिपटे हैं आकाश-अंक में शृंग श्रेणियों के शिशुगण,
मचल मचल, उन्नत पयोधरों में, लुक छिपकर ताप शमन,
सन्ध्या से, रवि कंदुक क्रीड़ा में, जो छीन छिपाते हैं,
चमक चमक कर, रँग में भर भर, अद्‌भुत रूप दिखाते हैं।

. . . .

इन घासों के मैदानों में, इन हरे भरे मखतूलों पर,
इन गिरि-शिखरों के अंकों में, इन सरिताओं के कूलों पर!
जो रहा चाटता ओस रात भर प्यासा ही था घूम रहा,
वह मारुत पुष्पों का प्याला खाली कर कर है झूम रहा।

पर्वत के चरणों में लिपटी वह हरी भरी जो घाटी है,
जिसमें झरने की झर झर है, फूलों ही से जो पाटी है,
उसके तट से सुरम्य भू पर, झाड़ी के झिलमिल घूँघट में,
है नई कली इक झाँक रही लिपटी घासों के ही पट में।

—गुरुभक्त सिंह 'भक्त'
जन्म १८९९

हिमाद्रि

मानदंड भू के अखंड हे
पुण्यधरा के स्वर्गारोहण,
प्रिय हिमाद्रि, तुमको हिमकण-से
घेरे मेरे जीवन के क्षण!
मुझ अंचलवासी को तुमने
शैशव में आशा दी पावन,
नभ में नयनों को खो, तब से
स्वप्नों का अभिलाषी जीवन!
कब से शब्दों के शिखरों में
तुम्हें चाहता करना चित्रित!
शुभ्र शान्ति में समाधिस्थ हे
शाश्वत सुन्दरता के भूभृत्!
बाल्य चेतना मेरी तुम में
जड़ीभूत आनंद तरंगित,
तुम्हें देख सौन्दर्य - साधना
महाश्चर्य से मेरी विस्मित!

जिन शिखरों को स्वर्ण किरण नित
ज्योति-मुकुट से करती मंडित,
जिन पर सहसा स्खलित तड़ित्
हो उठती निज आलोक से चकित;
जिन शिखरों पर रजत पूर्णिमा
सिन्धु-ज्वार-सी लगती स्तंभित,
जिनकी नीरवता में मेरे
गीत स्वप्न रहते थे झंकृत!

जिनकी शीतल ज्वाला में जल
बनी चेतना मेरी निर्मल,
प्राण हुए आलोकित जिनके
स्वर्गोन्नत सौन्दर्य से सजल!
हृदय चाहता काव्य कल्पना को
किरीट पहनाना उज्ज्वल,
स्मृति में ज्योति तरंगित स्वर्गिक
शृंगों के आलोक का तरल!

रवि की किरणें जिसे स्पर्श कर
हो उठतीं आलोक निनादित,
जिस पर ऊषा संध्या की छबि
आदि सृष्टि-सी ही स्वर्णांकित;
इन्दु ज्वलित तुम स्फटिक धवलिम
के क्षीरोदधि - से हिल्लोलित,
ज्योत्स्ना में थे स्वप्न मौन
अप्सरा लोक - से लगते मोहित!

सुरँग प्रवालों की रत्न-श्री
अहरह रहती जहाँ मर्मरित,
देवदारु की चारु सूचि से
मरकत तलहटियाँ रोमांचित!
मौन स्वर्ग-मुख पर अंकित तुम
शुचि दिगंत स्मृति-से चिर शोभित
आदि तत्व-से, अपनी ही शोभा
विलोक रहते अनिमेषित!

नीली छायाएँ थीं तन पर
लगतीं आभा की-सी सिकुड़न,
इन्द्र धनुष मंडल से दीपित
उड़ते थे शत हँसमुख हिमकण;
स्वर्दूतों के पंखों - से स्मित
तड़ित चकित हिम के रोमिल घन
रंगों से वेष्टित रखते थे
तुमको हे आलोक निरंजन!

प्रति वत्सर आती थी मधु ऋतु
सद्यःस्फुट देही ले कुसुमित,
चीर रश्मियों को, फूलों के
अंगों पर निज कर शत रंजित;
खुलती - पंखड़ियों की कंचुक
सौरभ श्वासों से थी स्पंदित,
मेरे शैशव को नित उसकी
गीत कोकिला करती कुंजित!

कलरव, स्वप्नातप, सुरधनु पट,
शशिमुख, हिमस्मिति, गात्र ले श्वसित,
षड्ऋतु करती थीं परिक्रमा
अप्सरियों सी सुरपति प्रेषित;
शरद चन्द्रिका हो जाती थी
स्वप्नों के शृंगों पर विजड़ित,
हिम की परियों का अंचल उड़,
भू को कर लेता था परिवृत!

रंग रंग के चित्रित पक्षी
उड़ते नभ में गीत तरंगित,
नील पीत भृंगों का गुंजन
मौन क्षणों को रखता मुखरित;
ऊष्मा का सूर्यातप तुम में
लगता शीतलता - सा मूर्तित,
इन्द्रचाप - पुल पर, वर्षा में,
सुरबालाएँ आ जातीं नित!

जग प्रच्छाय गुहाओं में नव,
वाष्पों के गज भरते गर्जन,
चंचल विद्युत - लेखाएँ थीं
लिपट दृगों से जाती तत्क्षण;
ताराओं के साथ सहज
शैशव स्वप्नों से भर जाता मन,
उठते थे तुम अन्तर में
सौंदर्य स्वप्न - श्रृंगों - पर मोहन!

मेघों की छाया के सँग - सँग
हरित घाटियाँ चलतीं प्रतिक्षण,
वन के भीतर उड़ता चंचल
चित्र तितलियों का कुसुमित वन;
रँग - रँग के उपलों पर रणमण
उच्छल उत्स करते कल गायन,
झरनों के स्वर जम - से जाते
रजत हिमानी सूत्रों में घन!

भीम विशाल शिलाओं का वह
मौन हृदय में अब तक अंकित,
फेनों के जल स्तंभों - से वे
निर्झर रभस वेग से मुखरित;
चीड़ों के तरु वन का तम
साँसे भरता मन में आन्दोलित,
दरियों की गहरी छायाएँ
ज्योति रिंगणों से थी गुंफित !

गाते उर में क्षिप्र स्रोत,
लहराते सर तुषार के निर्मल
सौरभ की गुंजित अलकों से
छू समीर उर करता शीतल;
नीली पीली हरी लाल
चपलाओं का नभ जगता चंचल,
रजत कुहासे में, क्षण में,
माया प्रांतर हो जाता ओझल !

मदन दहन की भस्म अनिल में
उड़, अब तक तन करती पुलकित,
सती अपर्णा के तप से
वनश्री अवाक् - सी लगती विस्मित!
अब भी ऊषा वहाँ दीखती
वधू उमा के मुख - सी लज्जित,
बढ़ती चन्द्रकला भी गिरजा - सी
ही गिरि के क्रोड़ में उदित !

अब भी वही वसंत विचरता
पुष्पशरों से भर दिगंत स्मित,
गंधोद्दाम धरा वह ही, पाषाण-
शिलाएँ पुलक पल्लवित !
अब भी प्रिय गौरा का शैशव
वर्णन करते खग - पिक मुखरित,
देवदारु के ऊर्ध्व शिखर
वैसे ही शंकर - से समाधि स्थित !

—सुमित्रानन्दन पन्त
जन्म १९००

हिम-विजन

शुभ्र शांत, हिममहिम असीम विजन में
करता था वह वास, सदा - निर्वासी;
हिम की स्फटिक - शिला से रचित भवन में,
एकाकी रहता था नित उल्लासी।

माया - भवन रचा वह मय दानव ने,
इन्द्रजाल - सा था कैसा मन - मोहन!
वह शोभा देखी न कभी मानव ने,
विचलित हो जाते थे विस्मित लोचन।

हिमाधार पर हिम के स्तम्भ खड़े थे,
खण्ड खण्ड था शुभ्र काँच सा निर्मल;
ठौर ठौर नीहार - प्रदीप पड़े थे—
सूर्यकांत की प्रखर प्रभा से उज्ज्वल!

चन्द्रकान्त-मणि की फुलझड़ियाँ शीतल
हिम के फानूसों पर नित्य चमकतीं,
पुण्य प्रकाश तुषार-शिखाएँ अविचल
स्तम्भों में निष्कंप, निवात झलकतीं।

हिम स्फुलिंग–कणिकाओं का फौवारा
शुभ्र फलक पर फुहारता था छर-छर,
यन्त्र - विनिर्गत, रजत - भास हिमधारा
लहराती उस माया - गृह के भीतर।

विपुल काल तक विमल तपन की माया
उसे निन्तर करती थी आलोकित;
दीर्घअवधि तक निखिल तारका - छाया
स्निग्ध भास से करती उसको पुलकित।

दीर्घ समय में एक वार खिलती थी
ऊषा की लाली उस परी भवन में,
एक बार झिलमिल झिलमिल हिलती थी
कनक - झलक संध्या की उस दरपन में।

समय समय पर ज्योत्स्ना लहर - लहर कर
हिम - महिमा पर शांत छटा फैलाती;
उस माया की मूर्च्छा सिहर - सिहर कर
शुभ्र विजन को करके मगन सुलाती।

राजभूमि में उस अखंड शोभा की
राज किशोर मगन - मन से रहता था।
छटा विभासित करके आत्म विभा की
शुभ्र भास में मन्द मन्द बहता था।

—इलाचन्द्र जोशी

जन्म १९०२

कौन तुम अग्नि शिखा की ज्वाल

शान्ति के मण्डल में है व्याप्त
तुम्हारा यह अशान्त संसार,
और अनिमेष दृगों की ज्योति
क्षितिज को कर जाती है पार।
तुम्हारी क्रीड़ा के हैं स्रोत
सात आकाश सात पाताल।
तुम्हीं हो जीवन के प्रतिबिम्ब
अमरता के पावन उपहार,
तुम्हीं में है सत चित आनन्द
तुम्हीं हो जग के बेसुध प्यार।
विश्व का व्यापक कल्प
तुम्हारा कल्प शून्य की चाल।

... ...

मनुष्य जब सगर्व कह उठा कि आज मान दो।
मुझे महान मान दो!
प्रकृति पुकार तब उठी अरे कि शीश दान दो!
समर्थ शीश दान दो!

—भगवतीचरण वर्मा
जन्म १९०३

वीरों का कैसा हो वसन्त ?

आ रही हिमाचल से पुकार,
है उदधि गरजता बार बार,
प्राची पश्चिम भू नभ अपार,
सब पूछ रहे हैं दिगदिगन्त,
वीरों का कैसा हो वसन्त ?

फूली सरसों ने दिया रंग,
मधु लेकर आ पहुँचा अनंग,
वधु - वसुधा पुलकित अंग अंग,
हैं वीरवेश में किन्तु कन्त
वीरों का कैसा हो वसन्त ?

भर रही कोकिला इधर तान,
मारू बाजे पर उधर गान,
है रंग और रण का विधान,
मिलने आये हैं आदि अन्त,
वीरों का कैसा हो वसन्त ?

गलबाहें हों या हो कृपाण,
चल चितवन हो या धनुष-बाण,
हो रस-विलास या दलित-त्राण,
अब यही समस्या है दुरन्त,
वीरों का कैसा हो वसन्त ?

कह दे अतीत अब मौन त्याग,
लंके तुझमें क्यों लगी आग?
ऐ कुरुक्षेत्र! अब जाग जाग,
बतला अपने अनुभव अनन्त,
वीरों का कैसा हो वसन्त?

हल्दी घाटी के शिलाखण्ड,
ऐ दुर्ग सिंहगढ़ के प्रचण्ड,
राणा नाना का कर घमण्ड,
दो जगा आज स्मृतियाँ ज्वलन्त,
वीरों का कैसा हो वसन्त?

भूषण अथवा कवि चन्द नहीं,
बिजली भर दे वह छन्द नहीं,
है कलम बँधी स्वच्छन्द नहीं,
फिर हमें बतावे कौन हन्त?
वीरों का कैसा हो वसन्त?

—सुभद्रा कुमारी चौहान
१९०४—१९४८

हिमालय से

उत्तर के श्रृंगार!
प्रश्न - चिह्नों - जैसे ओ श्रृंगाकार!

पूछो इस भू - मण्डल से
यह किसने छुआ देश का द्वार!
किसका यह विश्वासघात है
जो गूँजा सीमा के पार!
गंगा की धारा के ऊपर
कैसे बही रक्त की धार!

पूछो किसने मानवता की छाती पर गोली मारी?
किसके पैरों ने कुचली है, भारत की सीमा सारी?

क्या उत्तर मिल गया?
चीन के दुस्साहस का मिला प्रमाण!
यह समस्त इतिहास हो गया
जैसे बिलकुल ही निष्प्राण?
इस भारत ने सिखलाया था
जिसे तथागत का निर्वाण,
वही कर रहा राजनीति का
आज छद्मवेशी निर्माण?

तुमने रोका नहीं उसे, अपनी विस्तीर्ण भुजाओं से?
हो मध्यस्थ हिमालय! तुम अपनी हिम-श्रृंग ध्वजाओं से।

आज तुम्हारी शपथ!
प्राण में जाग उठी भीषण ज्वाला।
अरि - मुण्डों से पूर्ण बनेगी,
यह अपूर्ण सी गिरि - माला।
भूमि - भाग का एक एक कण
बना हुआ है अंगारा।
शान्ति - दूत भारत ने है, फिर
भैरव बन कर ललकारा।

सुनो, आज यह देश, युद्ध - व्रत में बन गया समूचा है।
सैनिक का उत्साह, तुम्हारे हिम - शृंगों से ऊँचा है।

आज तुम्हारी दृढ़ता से भी
अधिक सुदृढ़ता पाई है।
जो चिनगारी सोई थी
वह ज्वाला बनकर आई है।
कौन शत्रु सम्मुख होगा?
यह महानाश की वाणी है।
रक्त - तिलक मस्तक पर देकर,
सैनिक प्राणी - प्राणी है।

तुम साक्षी रहना, हिमगिरि, हुंकार सत्य ने दे दी है।
दानव के मस्तक पाने को यह रक्तभरी बलिवेदी है।

किसने कहा कि तुम जड़ हो
क्या तुममें है कैलास नहीं?
क्या प्रलयंकर के डमरू से
नाचा कण कण में नाश नहीं?

वह महाप्रलय फिर से होगा,
होगा विनाश प्राचीरों का।
क्षण भर प्रलयंकर रुके
घोष होगा भारत के वीरों का।

संसार सुनेगा शीघ्र कायरों का स्वर कितना धीमा है।
यह तुंग हिमालय आज हमारी छाती की दृढ़ सीमा है!

—रामकुमार वर्मा

जन्म १९०५

मैं गायक हूँ स्वच्छन्द हिमांचल का

मैं पथिक सदा प्यासा गंगाजल का !

गिरिराज हिमालय मेरा है प्रहरी
प्रेमांजलि मेरी सागर की लहरी,
मेरी मधुर उमंगें वन की कलियाँ
ये ग्राम नगर मेरी जीवन गलियाँ,
मैं इसी देश की मिट्टी का पुतला
इसको जिसने कुचला, मुझको कुचला;

मेरी स्नेहमयी आँखों में देखो
श्यामल यमुना का निर्मल जल छलका।

मेरी जीवन - ग्रन्थि प्रेम के बन्धन
मेरा जीवन साध्य नहीं, है साधन,
मेरा व्रत मानवता का आराधन
मेरा श्रम चिन्ता सागर का मन्थन;
सदियों से मैंने जीवन ज्योति जगाई,
जग वन में आशा की बेलि लगाई।

दुनिया मेरा सन्देश सुना करती
मैं गायक हूँ स्वच्छन्द हिमांचल का !

यह वंग देश का सूर्योदय उज्ज्वल
भरता मुझमें नवजीवन का सम्बल,
सूर्यास्त सिन्ध का करुण अरुण सुन्दर
धर जाता दीप जलाकर मेरे घर,

—

मैं उत्तर दिशि के हिम से हूँ शीतल
मैं दक्षिण दिशि के झोकों से चंचल;

हूँ लौट रहा जनपद के चरणों में
मैं मलय पवन सुरभित विन्ध्याचल का !

जग के वन में गूंजी मेरी बोली
कर रहा स्नेह की मैं खाली झोली;
मैंने फूंके प्राण कला के तन में
प्रतिमा रख दी जग के सूने मन में;
मैंने सागर में नावें दौड़ाईं
लहरियाँ चरण मेरे छूने आईं !

मैंने उनको उठा किया आलिंगन
मैं खड़ा कूल हूँ सागर चंचल का !

नगरों में जीवन दीप जला करते
ग्रामों में बन्धन मुक्त चला करते,
हम शान्त, रसिक, भोले भारतवासी
आजादी है जिनकी काबा काशी,
वह मेरा देश, जहाँ हल्दी घाटी
मैंने दिन रातें आँखों में काटीं।

मैं आज मुक्ति की ओर बढ़ा जाता
दामन थामे दुनिया की हलचल का।

अनुराग यहाँ विश्वास बना करता
पतझार यहाँ मधुमास बना करता,
रण-मरण यहाँ उल्लास बना करता
बलिदान यहाँ इतिहास बना करता,
मैं फूलों का मधुप नहीं दुनिया में
मैं तो कर में अपना मस्तक थामे।

चाहे रण का, रस का, पावस का हो
मैं तो चाहक हूं काले बादल का!

—गोपालसिंह नेपाली
जन्म १९०६

चेतावनी

भारत की यह परंपरा है—
जब नारी के बालों को खींचा जाता है,
धर्मराज का सिंहासन डोला करता है,
क्रुद्ध भीम की भुजा फड़कती,
वज्रघोष मणिपुष्पक औ' सुघोष करते हैं;
गांडीव की प्रत्यंचा तड़पा करती है;
कहने का तात्पर्य,
महाभारत होता है;
अगर कभी झूठी ममता,
दुर्बलता, किंकर्तव्यमूढ़ता
व्यापा करती,
स्वयं कृष्ण भगवान् प्रकट हो
असंदिग्ध औ' स्वतः सिद्ध
स्वर में कहते,
'युध्यस्व भारत।'

भारत की यह परंपरा है—
जब नारी के बालों को खींचा जाता है,
एक महाभारत होता है।
तूने भारत को केवल
रेखांश और अक्षांश जाल में
बद्ध चित्रपट समझ लिया है,
जिसकी कुछ शीर्षस्थ लकीरें,
जब तू चाहे, घटा - मिटाकर
अपने नक्शे में दिखला ले?

हथकड़ियाँ कड़कड़ा, बेड़ियों को तड़काकर,
अपने बल पर मुक्त, खड़ी
भारत माता का
रूप विराट
मदांध, नहीं तूने देखा है,
(नशा पुराना जल्द नहीं उतरा करता है।)
और न अपने भौतिक दृग से देख सकेगा।
आकर कवि से दिव्य दृष्टि ले।
पूरब, पच्छिम, दक्षिण से आ
अगम जलंभर, उच्छल, फेनिल
हिंद महासागर की अगणित
हिल्लोलित, कल्लोलित लहरें
जिन्हें अहर्निश
प्रक्षालित करती रहती हैं,
अविरल,
वे भारतमाता के
पुण्य चरण हैं—
पग-नखाग्र कन्या कुमारिका-मंदिर शोभित।
और
पूरबी घाट, पच्छिमी घाट
उसी के पीन, पुष्ट, दृढ़ जंघ-पाट हैं।
विंध्य-मेखला कसी हुई है कटि प्रदेश में।
वक्षस्थल पर गंगा-जमुनी हार झूलता—
कौसल - ब्रज की
दुग्ध - धार से
राम - कृष्ण - बल - वैभव सिंचित,
शिव - धनु खंडित,
रावण मर्दित,

इंद्र विनिंदित,
कंस विलुंठित—
व्यास कंठ में!
दक्षिणांक में
खड्ग और जौहर ज्वाला का
राजस्थानी महामरुस्थल दीप्तमान है।
वाम बाहु आशीष और आरक्षण का
आश्वासन बनकर ब्रह्मपुत्र तक
फैल रहा है,
जिसके नीचे
लक्ष - लक्ष हल
गीतों की लय-गति पर चलकर
भू का अंचल
करते धानी, करते पीला;
और देख वह
भाल दिव्य, हिम-शुभ्र, सजीला,
जिसके ऊपर कश्मीरी केशर क्यारी का
खौर लगा है;
औ' हिंदूकुश और हिमालय की
जो सघन शिला - वल्लरियाँ
उत्तर - पच्छिम, उत्तर - पूरब
दूर - दूर तक
छछड़ीं, छिटकीं, बिखरीं, फैलीं,—
अमरनाथ - गौरीशंकर - कैलाश विचुंबित
वे भारतमाता के कंधों पर अवलंबित
उसकी अलकें, नाग-लटे हैं वेणी-चोटी,
जो कि हमारी जीवित संस्कृति परंपरा में
नारी के गौरव के

सब से शीर्ष चिह्न हैं,
जिनकी लाज बचाने को,
इज्ज़त रखने को,
मूल्य बड़ा से बड़ा
चुकाने को हम उद्यत।
(फिर चालीस कोटि की माँ की
भव्य लटा की !)

तूने आज इन्हीं को छेड़ा है,
खींचा है
किसी नशे में तू अपने से
बाहर चला गया है,
संयम इसीलिए हम
साध रहे हैं।
तुझे नहीं मालूम कि तूने
कितना भीषण और भयावह
काम किया है!
फिर कहता हूँ,
भारत की यह परंपरा है—
जब नारी के बालों को छेड़ा जाता है,
धर्मराज का सिंहासन डोला करता है,
क्रुद्ध भीम के बाहु फड़कते,
वज्रनाद मणिपुष्पक औ' सुघोष करते हैं,
गांडीव की प्रत्यंचा कड़का करती है,
कहने का तात्पर्य,
महाभारत होता है;
अगर कभी थोथी ममता,

दुर्बलता, किंकर्तव्यमूढ़ता
व्यापा करती,
स्वयं कृष्ण भगवान प्रकट हो
असंदिग्ध औ' स्वतः सिद्ध
वाणी में कहते,
'उत्तिष्ठ युध्यस्व भारत !'

—हरिवंशराय 'बच्चन'
जन्म १९०७

पृथिवी

श्यामला, सजला, शुभा, सुमना, सुभग सुकुमार
स्रग्धरा, मेघाम्बरा, विश्वंभरा, सुख - सार,
शाश्वती, शस्यावती, सौन्दर्य - सुषमागार
सुस्मिता वसुधा सुधा - स्निग्धा अतीव उदार,

है कहाँ वह एषणा-अभिसार ?

मंजुला जिसके हृदय में प्रीति का गुंजार
वत्सला वह जो कि देती नित नये उपहार,
माधवी वह जो कि करती सतत मधु - संचार
दृष्टि ही जिसकी अमृत की वृष्टि, प्राण - फुहार,

है कहाँ वह भव-विभव-भांडार ?

वह विधित्सा जो कि जीवन - बीन की झंकार
वह निरीक्षा जो लिये रहती सुयश - विस्तार,
वह प्रतीक्षा गूँथती जो निमिष - पल के द्वार
वह तितिक्षा जो सँभाले सजल - सेवा - भार,

है कहाँ वह साधना साकार ?

बन्द जिसके एक कण में कोटि - कोटि विचार
मृत्तिका में प्राण, प्राणों में नया संसार,
भावनाओं में जिसे पाया उठाते ज्वार
ऊर्मियों के बीच देखा खोलते युग - द्वार,

है कहाँ वह भाव-भूमि अपार ?

स्पर्श से जिसने बजाये सर्जना के तार
सात स्वर जिसने सजाये, सात बन्दनवार,
बीच में अपने खड़ी अंचल अनन्त पसार
आरती - सी वारती लौ भारती - सी प्यार !

हे कहाँ वह धर्म-धृति-आधार ?

है कहाँ वह चेतना जिसके ज्वलित अंगार
कौंधते तम को हटा मानस - क्षितिज के पार,
जो कहीं आहुति, कहीं यज्ञाग्नि का हुंकार
जो कहीं करुणा, कहीं तरुणा - तरंग - पुकार,

है कहाँ पृथिवी सृजन-शृंगार ?

—केदारनाथ मिश्र 'प्रभात'

जन्म १९०७

हिमालय के प्रति

मेरे नगपति ! मेरे विशाल !

साकार, दिव्य, गौरव, विराट,
पौरुष के पुंजीभूत ज्वाल !
मेरी जननी के हिम - किरीट !
मेरे भारत के दिव्य भाल !
मेरे नगपति ! मेरे विशाल !

युग-युग अजेय, निर्बन्ध, मुक्त
युग-युग गर्वोन्नत, नित महान्,
निस्सीम व्योम में तान रहे
युग से किस महिमा का वितान ?

कैसी अखण्ड यह चिर समाधि ?
यतिवर ! कैसा यह अमर ध्यान ?
तू महा शून्य में खोज रहा
किस जटिल समस्या का निदान ?

उलझन का कैसा विषम जाल ?
मेरे नगपति ! मेरे विशाल !

ओ, मौन तपस्या लीन यती !
पल भर तो कर नयनोन्मेष,
रे ज्वालाओं से दग्ध विकल
है तड़प रहा पद पर स्वदेश।

सुखसिन्धु पंच नद, ब्रह्मपुत्र
गंगा जमुना की अमिय धार,
जिस पुण्यभूमि की ओर बही
तेरी विगलित करुणा उदार,

जिसके द्वारों पर खड़े क्रान्त
सीमापति ! तू ने की पुकार
'पद दलित इसे करना पीछे
पहले ले मेरा सिर उतार'!

उस पुण्यभूमि पर आज तपी!
रे आन पड़ा संकट कराल,
व्याकुल तेरे सुत तड़प रहे
डँस रहे चतुर्दिक विविध व्याल।

मेरे नगपति! मेरे विशाल!

कितनी मणियाँ लुट गईं? मिटा
कितना मेरा वैभव अशेष!
तू ध्यानमग्न ही रहा, इधर
वीरान हुआ प्यारा स्वदेश।

किन द्रौपदियों के बाल खुले
किन-किन कलियों का अन्त हुआ,
कह हृदय खोल चित्तौर! यहाँ
कितने दिन ज्वाला वसन्त हुआ?

पूछे, सिकता कण से हिमपति !
तेरा वह राजस्थान कहाँ ?
वन वन स्वतन्त्रता दीप लिये
फ़िरने वाला बलवान कहाँ ?

तू पूछ अवध से राम कहाँ ?
वृन्दा ! बोलो, घनश्याम कहाँ ?
ओ मगध ! कहाँ मेरे अशोक ?
वह चन्द्रगुप्त बलधाम कहाँ ?

पैरों पर ही है पड़ी हुई
मिथिला भिखारिणी सुकुमारी,
तू पूछ, कहाँ इसने खोईं
अपनी अनन्त निधियाँ सारी ?

री कपिलवस्तु ! कह बुद्ध देव
के वे मङ्गल उपदेश कहाँ ?
तिब्बत, इरान, जापान, चीन
तक गये हुए सन्देश कहाँ ?

वैशाली के भग्नावशेष से
पूछ, लिच्छवी शान कहाँ ?
ओरी उदास गण्डकी ! बता
विद्यापति कवि के गान कहाँ ?

तू तरुण देश से पूछ अरे
गूँजा यह कैसा ध्वंस राग ?
अम्बुधि - अन्तस्तल बीच छिपी
यह सुलग रही है कौन आग ?

प्राची के प्राङ्गण बीच देख
जल रहा स्वर्ण-युग अग्नि-ज्वाल,
तू सिंहनाद कर जाग तपी
मेरे नगपति ! मेरे विशाल !

रे रोक युधिष्ठिर को न यहाँ,
जाने दे उसको स्वर्ग धीर,
पर, फिरा हमें गाण्डीव-गदा
लौटा दे अर्जुन-भीम वीर;

कह दे शंकर से, आज करें
वे प्रलय नृत्य फिर एक बार।
सारे भारत में गूँज उठे
'हर हर बम' का फिर महोच्चार !

ले अँगड़ाई, उठ, हिले धरा,
कर निज विराट स्वर में निनाद;
तू शैलराट् ! हुंकार भरे
फट जाय कहाँ, भागे प्रमाद।

तू मौन त्याग कर सिंहनाद,
रे तपी आज तप का न काल!
नवयुग - शंख ध्वनि जगा रही,
तू जाग, जाग, मेरे विशाल!

मेरी जननी के हिम किरीट!
मेरे भारत के दिव्य भाल!
नवयुग शंख-ध्वनि जाग रही
जागो नगपति! जागो विशाल!

--रामधारीसिंह 'दिनकर'
जन्म १९०९

सितारे कूद जायेंगे

जुड़े बैठे हाथियों की पंक्ति-सी
आकाश - धरती के अँधेरों बीच
व्योम का उजला, अवनि का गहन किंचित्।
और भी गहरे तिमिर की रेख - धौलाधार!

इधर के टीले-पहाड़
रात के गहरे अँधेरे पानियों में डूब गुम हैं।
झील-सी यह लग रही है बाथरी[1]
गहरे धुएं की,
या घने नीलाभ जल की
साँझ, काले बादलों ने छीन ली हो आभ जिसकी।
बत्तियाँ बालून[2] की हैं, बिम्ब ज्यों
नभ के सितारों का,
इशारों का।
शुक्र गज की पीठ पर बैठा जमा
ज्योति की किलकारियाँ सी फेंकता है।
झुक रहे हैं सप्त ऋषि 'उतरो हमें भी बैठने दो!'
और अनगिन तारकों में होड़—बैठें
हाथियों की पीठ पर!
लग रहा है—
अभी यह गजपंक्ति उट्ठेगी
सितारे कूद जायेंगे!

—उपेन्द्रनाथ 'अश्क'
जन्म १९१०

---

१. डलहौजी का एक नाला जिसके नाम से घाटी प्रसिद्ध है।
२. डलहौजी छावनी।

पर्वत तटी

नाना तरु-वेलि-लतामय पर्वत पर निर्जन वन था,
निशि बसती थी झुरमुट में वह इतना घोर–सघन था।
पत्तों से छन छन कर थी आती दिनकर की लेखा,
वह भूतल पर बनती थी पतली सी स्वर्णिम रेखा।
लोनी लोनी लतिका पर अविराम कुसुम खिलते थे,
बहता था मारुत, तरु दल धीरे धीरे हिलते थे।

चह-चह-चह फुदक फुदक कर डाली से उस डाली पर,
गाते थे पक्षी होकर न्योछावर वनमाली पर।
चर कर पगुराती मां को, दे सींग ढकेल रहे थे,
कोमल कोमल घासों पर मृगछौने खेल रहे थे।
अधखुले नयन हरिणी के मृदुकाय हरिण खुजलाते,
झाड़ी में उलझ उलझ कर बारहसिंघे अकुलाते।

चीते नन्हें शिशु ले ले चलते मन्थर चालों से,
क्रीड़ा करते थे नाहर अपने लघु लघु बालों से।
झरनों का पानी ले कर गज छिड़क रहे मतवाले,
मानों जल बरस रहे हों सावन घन काले काले।

—श्यामनारायण पाण्डेय

जन्म १९१०

दूर्वाचल

पार्श्व गिरि का नम्र, चीड़ों में
डगर चढ़ती उमंगों सी।
बिछी पैरों में नदी ज्यों दर्द की रेखा!

विहग - शिशु मौन नीड़ों में
मैंने आँख भर देखा।
दिया मन को दिलासा - पुनः आऊँगा।
(भले ही बरस-दिन-अनगिन युगों के बाद!)

क्षितिज ने पलक-सी खोली,
तमक कर दामिनी बोली—
'अरे यायावर! रहेगा याद?'

—सच्चिदानन्द वात्स्यायन 'अज्ञेय'

जन्म १९११

सत्यमेव जयते

वह पहाड़ी नदी एक रायफ़ल की बाढ़ है
जिसके किनारे दलाइ - लामा खड़ा है

और कवचधारी 'पंचशील' लड़ रहे हैं
हमारे खुले बदन पंचशील से

इस धोखे का नाम दोस्ती है और इस दोस्ती को हम
चीन कहते थे।

कोई हिमालय पर कालिख पोत सकता है?
कोई ब्रह्मपुत्र से खिलबाड़ कर सकता है?
हमारे होंठ अस्सी करोड़ गुना बल से
भिंच गये हैं
वर्ना जाने क्या चबा डालेंगे!

तिरंगे का अशोकचक्र घूम रहा है
दो हज़ार मील के घेरे में
कैलाश पर्वत पर लाल भभूत
कैसे रम सकती है!

इतिहास कितना बौना है
दो हज़ार साल में चीन के
अक्ल की डाढ़ नहीं निकली!
अशोक साम्राज्य की सीमाएँ
कहाँ तक थी?
क्या बुद्ध का नाम हिमालय के पार भी
लोग लेते हैं?

हिमालय कोई चीन की दीवार तो नहीं
जिसे लाँघ जाओ !
हमारी सच्चाई के महादेव
बौनों पर करुणा से हंसते हैं

मगर यह दीक्षा लेने का कौन-सा ढंग है
झूठ के झुटपुटे में
चोर दरवाज़े से
दस्यु के वेश में
सुबह होने दो ज्ञान मिल जाएगा।

माओ ने सब कुछ सीखा एक बात नहीं सीखी
कि झूठ के पाँव नहीं होते
सत्य की ज़बान बन्द हो
फिर भी वह गरजता है
सत्य की कसी हुई मुट्ठियाँ सहसा
खुलती हैं
तो आँधियाँ आती हैं
जो एटामिक मार्चों को भी आखिर
उड़ा ले जाती हैं।

यह धरती अपनी जिस कीली पर घूम रही है
वह सत्य है
वह शक्ति के दुरभिमानियों का
रसातल नहीं।

अब हम ज़रा तेज़ी से बढ़ रहे हैं
जैसे पहाड़ों की नदियों की रौ हो
जैसे एक संग गोलियों की बाढ़ हो

क्योंकि हम सब जहाँ भी हैं
अब मोर्चे पर हैं
एक ही धुन है एक ही ध्यान है
एक ही ज्ञान
कि हम उत्तुंग हिमालय हैं
और हम उत्तर को बढ़ रहे हैं
यह धरती करवट ले रही है।

सुनो माओ
तुम भी अगर कवि हो
तो सोचो
मन्दिर है प्रत्येक मनुज धरती पर
उसकी धरती ही उसकी वेदी है
तुम किसको गिरा रहे हो सोचो
अपनी धरती की मिट्टी का नास कर रहे हो
हमारी घाटियों में
जाओ बहुत खो चुके
जन-मरजाद
अब चेतो
चेतो
चेतो
अब भी समय है।

शिव-लोक में चीनी दीवार न उठाओ
वहाँ सब कुछ गल जाता है
सिवाय सच्चाई की उज्ज्वलता के।

उसी श्रद्धा से आओ
जिससे अब तक सदियों से आते रहे हो
नहीं तो
नहीं तो
असत्य कहीं नहीं है
तुम कहीं न रहोगे ।

शक्ति आकार में नहीं है
सत्य में है
हमारी शक्ति
सत्य की विजय
उसी एक धारणा की विजय है जो आज
सचेत रूप में
हम हैं
याद रखो
सत्यमेव जयते !
सत्यमेव जयते !
सत्यमेव जयते !

—शमशेर बहादुर सिंह
जन्म १९११

बादल को घिरते देखा है

अमल धवल गिरि के शिखरों पर बादल को घिरते देखा है।
छोटे - छोटे मोती जैसे अतिशय शीतल वारि - कणों को
मानसरोवर के उन स्वर्णिम - कमलों पर गिरते देखा है।
तुंग हिमाचल के कन्धों पर, छोटी - बड़ी कई झीलों के,
श्यामल, शीतल, अमल सलिल में
समतल देशों से आ - आकर
पावस की ऊमस से आकुल,
तिक्त मधुर विस-तन्तु खोजते, हंसों को तिरते देखा है।

दुर्गम बर्फ़ानी घाटी में
शत - सहस्र फ़ुट उच्च शिखर पर
अलख नाभि से उठने वाले
अपने ही उन्मादक परिमल
के ऊपर धावित हो - होकर
तरल तरुण कस्तूरी मृग को अपने पर चिढ़ते देखा है।

शत - शत निर्झर - निर्झरिणी - कल
मुखरित देवदारु - कानन में
शोणित - धवल भोजपत्रों से छायी हुई कुटी के
रंग - विरंगे और सुगन्धित फूलों से कुन्तल को साजे,
इन्द्र नील की माला डाले शंख-सरीखे सुघड़ गले में,
कानों में कुवलय लटकाये, शतदल रक्त-कमल वेणी में,
रजत-रचित मणि-खचित कलामय पानपात्र द्राक्षासव पूरित,
रखे सामने अपने-अपने लोहित चन्दन की त्रिपदी पर,
नरम निदाग बाल कस्तूरी-मृग-छालों पर पलथी मारे,
मदिरारुण आँखों वाले उन उन्मद किन्नर-किन्नरियों की,
मृदुल मनोरम अंगुलियों को वंशी पर फिरते देखा है।

—नागार्जुन

जन्म १९११

आज पहली बार

१

आज पहली बार जग ने
नमितशिर देखा
नगाधिप को !
विपर्यय ! — आज जग ने
अजरता की झुर्रियाँ देखीं !
व्यतिक्रम ! – आज पहली बार देखा
शिशिर में यह द्रवण
हिम के हृदय का !

चकित, विस्फारित दृगों से
देखता है स्तब्ध हो संसार
पहली बार
पार्थिव शुभ्रता के वक्ष पर अभिनीत
मानव मान्यताओं का विवर्तन;
सत्य का संहार
शिव के हास की अट्टालिका में !

२

पहेली है जगत की दृष्टि में,
पर दृश्य है कुछ और ही इस ओर—
पहली बार
नगपति ने नमित कर शीश
देखा स्नेह से उस भूमि को
जो छत्रछाया में पली युग-युग अभय, आश्वस्त ।

पहली बार
अवसर दे रहा है आज हिमाद्रि उदार
भारतभूमि को प्रतिदान का !

× × ×

कैसा विपर्यय ? किस नियम का है व्यतिक्रम
—सहज मानव धर्म में ?

—बालकृष्ण राव
जन्म १९१३

कौसानी[1]

यह नई धरा, आकाश नया,
यह नया लोक मिल गया मुझे ;
थी आत्मा जिसके हित अशान्त
वह शान्तलोक मिल गया मुझे।

कोसी की हरित भरित घाटी
करती है सुख से शान्त शयन,
प्रहसित संकुचित गात शोभित
नव-धान-वरन परिधान पहिन!

सिरहाने रक्खा शीश-मुकुट
वह कहलाता है कौसानी।
जिसके कारण कहलाती वह
कूर्माचल भर की पटरानी!

यह गिरि गिरिजा कौसानी की
सामने पड़ा शिव का पड़ाव,
कौसानी और हिमालय में
तिल भर न परस्पर उर दुराव।

ज्यों हरे रेशमी दामन सी
घेरे उर्वर घाटियाँ पड़ीं,
कुछ मुक्त नील अलकों सी
जिन पर पड़ी हुई हैं निर्झरिणी।

नन्दादेवी के तुंग शिखर से
देख देख शोभा शंकर
हो गए हिमालय में विजड़ित
तज ताण्डव नर्तन प्रलयंकर।

---

१. अल्मोड़े के निकट रम्य पर्वतीय स्थल

घिर आए उमड़ घुमड़ बादल,
पर्वत प्रदेश में ऋतु पावस।
ढँक गया व्योम, छिप गया सूर्य
हो गई दिवस में ही मावस।

कर साँय-साँय चल पड़ी पवन,
काँपा पल में पर्वत का वन,
पशु पक्षी खोज खोह-कोटर
भागे ले धुप धुप करता मन।

कातर हो तुरत कराह उठे
वे ऊँचे ऊँचे बटे चीड़,
हिल गए बाँज औ' देवदारु
उड़तीं चिड़ियाँ तज ध्वस्त नीड़।

कड़-कड़ चड़-चड़ टूटते पेड़
करती कौसानी शक्ति-नृत्य,
विद्युत् से प्रतिबिम्बित, नर्तित
छाया-प्रेतों से दास-भृत्य।

दे पद-प्रहार घन्नाद - ताल
नाचती मत्त काली कराल,
लो, तड़क गया नभ इस्पाती
नेत्रों से निकली तड़ित - ज्वाल।

* * *

पल में हो गई प्रतिष्ठित अब
वह शान्तिमूर्ति तापसी उमा,
पल में आकाश धरा निखरे
बिखरी दश दिशि स्वर्गिक सुषमा।

बन गया हिमालय हेमकूट,
घन स्वर्णपत्र से ठौर ठौर,
आतीं हैं हँसमुख साँझ उषा-
ज्यों ओढ़े रंग वाली पिछौर।[1]

फिर झिल्ली की झनकार हुई
कठकीड़े को संगीत मिला,
कुहकी निज पके हुए स्वर में
उत्तराखण्ड की पिक प्रमिला।

नभ ज्यों योगी सा निर्मल चित,
है धरा मौन ज्यों विनत भक्ति,
बापू के श्री मुख से निकला—
'सतकर्म, अहिंसा, अनासक्ति।'[2]

—नरेन्द्र शर्मा
जन्म १९१३

---

१. पीली जमीन पर लाल छींट की ओढ़नी, जिसका अल्मोड़ा प्रदेश में बहुत चलन है।

२. 'अनासक्ति-योग' के नाम से गीता का भाष्य, गांधी जी ने कौसानी ही में किया।

हिमालय-अभियान

हर क़दम पर प्रकृति का परिवेश दिव्याकार,
हर क़दम पर नयन-मोहन सृष्टि का श्रृंगार।
खड़ा गर्वोन्नत लिए शिर एवरेस्ट विशाल,
हिमाच्छादित गगनचुम्बी चोटियाँ विकराल।

कहीं सुन्दर और परतीले उनीले मेघ,
कहीं नन्हें हिमकणों से बने कुन्तल मेघ।
कम घने भी, अति घने भी, लाल पीले मेघ,
शीघ ही संयुक्त होते, विलग होते मेघ।

कभी बर्फीले शिखर से उफन उठती भाप,
वायु मण्डल पर चढ़ाती सघनता के चाप।
कभी जल-सीकर हिमानी वेग से एकत्र,
गगन में घिर फैल जाते दौड़ कर सर्वत्र।

घिरे रहते टपक पड़ते घुमड़ मूसलधार,
परों में या धारियों में शुभ्र विपुलाकार।
कभी कुंजर कुंज मन्थर पवन से सम्पृक्त,
स्वर्ण-मृग-से चौकड़ी भरते उछलते दृप्त।

ठोस नीचे और ऊपर कुण्डलित घन गोल,
शून्यता का नील अञ्चल फरफराता डोल।
कपिल पिंगल केश खोले शिखर शुण्डाकार,
कर रहे दुर्गम्यता का शून्य में प्रस्तार।

गिरि - शिखर पर अंशुमाली का मुकुट छबिमान,
दहकता आदर्श का वह क्षितिज गरिमावान।
गड़गड़ाता बढ़ रहा ढक्कन धरा का तोड़,
पवनपंखी ग्लेशियर वह पर्वतों को फोड़।
गति - विरोधी कण्टकों, लघु कंकड़ों को लील,
वज्रदन्ती तीक्ष्णता से पन्थ बन्धुर छील।
... ...

चल रहे शनि, शुक्र, वृश्चिक, वृहत् उल्का पिण्ड,
सुरँग पुच्छल, लुब्ध लुब्धक, गोल पृथ्वीपिण्ड।
चल रहे पल, पहर, घण्टा, घड़ी, निशि, दिन, मास,
वर्ष युग के यान चलते राशि चक्र प्रकाश।

—राम इकबाल सिंह 'राकेश'

जन्म १९१३

कमल के फूल

ये कमल के फूल
लेकिन मानसर के हैं,
इन्हें हूँ बीच से लाया
न समझो तीर पर के हैं।

भूल भी यदि है
अछूती भूल है।
मानसर वाले
कमल के फूल हैं।

प्रलय

हर हिमालय श्रृंग पर
उठती लहर की ताल होगी,
और बर्फीली सतह
बड़वाग्नि पीकर लाल होगी,
काल होंगी तारिणी गंगा,
तरणिजा व्याल होंगी;
और शिव होंगे न शंकर
कण्ठगत नर माल होगी :
कर न पायेगा हमें
आश्वस्त जननी का अभय भी।
एक दिन होगी प्रलय भी।

—भवानीप्रसाद मिश्र
जन्म १९१४

कालिदास से

तरल तारकों के मोती का सार तुम्हारी वाणी,
कोटि कोटि प्यासे हृदयों की तृप्ति बनी कल्याणी।
महादेश के ज्योति पुंज तुम सपनों के वरदानी,
नाम तुम्हारा सुनते ही उठता मस्तक अभिमानी।

तुम भारत की मुक्ति और वैभव के युग के दाता,
तुम कमलों से भरे महा सागर से सुख निर्माता।
हुई संस्कृति सफल समूची ओ कवि तुमको पाकर,
दीर्घ साधना तप के फल सम देव गिरे धरणी पर।

द्रवित विवश नभ ने ले उच्छ्वास भूमि को देखा,
मौन तप्त जीवन में जिसके खिंची अमृत की रेखा।
खींच ले गए थे रस भू का किरण तीर दिनकर के,
तुम सावन के प्रथम मेघ से तब अम्बर से झाँके।

हिमकिरीटिनी माँ के भाल-विन्दु तुम दीप्त उजागर,
मरुत्अंचला छबि शतदल विलासिनी की रस-गागर।
अक्षर रूप पुंज अविनाशी।

ओ अनन्त यौवन के स्वामी अलकपुरी के वासी।

—रामेश्वर शुक्ल 'अंचल'
जन्म १९१५

आज देश की मिट्टी बोल उठी है !

यह वह मिट्टी जिससे उपजे
ब्रह्मा, विष्णु भवानी।
यह वह मिट्टी जिसे
रमाए फिरते शिव वरदानी।

यह तेरी सभ्यता संस्कृति
इस पर ही अवलम्बित,
युगों युगों के चरणचिन्ह
इसकी छाती पर अंकित।

मुक्ति इसी की मधुर कल्पना
दर्शन नव मूल्यांकन,
इसके कण कण में उलझे हैं
जन्म - मरण के बन्धन।

रोमपुलक वनराजि, भावव्यंजन
कल कल ध्वनि निर्झर,
घन उच्छ्वास, श्वास झंझा
नव-अंग-उभार गिरि-शिखर।

सिन्धु चरण धोकर कृतार्थ
अंचल थामे छिति-अंबर।
चन्द्र-सूर्य उपकृत निशिदिन
कर-किरणों से छू छू कर।

अन्तस्ताप तरल लावा
करवट भूचाल भयंकर,
अँगड़ाई कल्पान्त
प्रणय-प्रतिद्वन्द्व प्रथम मन्वन्तर।

किस उपवन में उगे न अंकुर
कली नहीं मुसकाई,
अन्तिम शान्ति इसी की
गोदी में मिलती है भाई!

—शिवमंगल सिंह 'सुमन'
जन्म १९१६

रसमय हिमालय

थी पार्वती धरती जलती तप से निर्जल,
था महाकाल ज्यों समाधिस्थ निर्द्वन्द्व अंचल,
सहसा झंकृत अनंग-धनु से शर छूट पड़े,
वन पंचवाण के पुष्प बरसते थे बादल!

क्षण - भर घाटी की भँवरों में कर आवर्तन,
क्षण - भर शिखरों के उपलों का कर आलिंगन,
इस महाशून्य की डाली से झर - झर शाश्वत्
बह रहे पवन की धारा में ये मेघ-सुमन!
क्षण बन दुकूल श्रृङ्गों का, क्षण परियों का पर,
बन देवदारु का वलय, वनों के बीच बिखर,
अधखुले नयन - नभ में तिर तिर बनते मिटते
यह कामरूप घन दिवा - स्वप्न के फूल सुघर।

किसने फैलाया यह हरीतिमा का दुकूल
बँध पा न रहे जिन में पारद के जलद फूल!

—शम्भूनाथ सिंह
जन्म १९१७

बरफ का चिराग़

हिम के सफ़ेद दीपक की लौ अब हुई लाल
सदियों से जमी हुई मिट्टी बन गई ज्वाल।

यह कमल धरा का बरफ़ीला
यह झील कटोरा चमकीला
ठंडे खेतों का कुसुमबदन
केसर की झांई से पीला
लालिम चिनार के पेड़
घाटियों के प्रहरी
नभ के पर्दे पर
रेखा-छांह छपी गहरी।

उठ रहीं शैल मालाएं
सदियों से ज़वान
हर मंज़िल खिंची हुई है
फूलों की कमान।

गोरे मुख पर उड़ता है
हलका पवन चीर
है स्वर्ग एक कल्पना
सत्य है काशमीर।

सूरज सोने का फूल
चांद हिम का चिराग
उस दूध घुली मिट्टी से
अब उठ रही आग।

बनकर शमशीर उठी जनता
बजता परबत का नक्कारा
नदियां बिजली बन उतर पड़ीं
हो गया लाल ध्रुव का तारा।

धरती के यह जन-फूल उठे बनकर मशाल
हिम के सफ़ेद दीपक की लौ जब हुई लाल।

इन चंदन की सीमाओं में
आ गया एक दुर्धर्ष नाग
पड़ गया बरफ़ के आंचल पर
मासूम खून का लाल दाग़
यह महादेश का शुभ्र कलश
लहराया इस पर नव चेतन
जो जीवन मृत केंचुल सा था
वह आँखें खोल हुआ चेतन

गिरि में निमग्न मनु की आत्मा
जब उठ आई कर सिंहनाद
पथ की रज लेने उतर पड़ा
सिंहासन से सामंतवाद।

आघात हुआ यह
अचल हिमाचल के तन पर
जन उन्नायक प्रलयंकर
शंकर के मन पर।

जो अग्नि ला रही है जग में
नूतन कृतांत
वह कर देगी यह विष भी
भस्मीभूत शांत।

बस इसीलिए झुक सका नहीं यह दग्ध भाल
हिम के सफ़ेद दीपक की लौ अब हुई लाल।

—गिरिजा कुमार माथुर
जन्म १९१८

सुनोगे ?

सुनो,
चीड़ के सनसनाते हुए पेड़,
मेरी कहानी सुनोगे ?
यहाँ तुम खड़े हो
गगन में तने,
सिर उठाये हुए गर्व में,
गहराइयाँ झाँकते से अतल की,
उधर सामने चोटियाँ हैं,
शिखर,
जो बरफ़ से घिरे हैं,
जो बादलों का हृदय चीर खुलते
कली से
अछूते, अचुम्बित—
शिखर जो अडिग हैं, अगम हैं, महत् हैं,
मनुज के अमिट स्वप्न - से,
लालसा - से :
शिखर ये तुम्हारे सखा हैं युगों के,
पहली सुबह की किरन मुस्करा कर,
सदा छेड़ जाती इन्हें भी, तुम्हें भी।

ओ चीड़ के सनसनाते हुए पेड़
मेरी कहानी सुनोगे ?
कहूँ मैं ?
तुम्हें भी विकल जिन्दगी की कथा सब
सुना दूँ ?
कि मैं लाँघना चाहता था अगम को

तड़प थी कि
बौने करों को बढ़ाकर पकड़ लूँ
अभी चाँद - सूरज,
कि मैं चाहता था सभी कुछ,
बहुत-से बड़े स्वप्न थे
इस हृदय में,
नहीं थी, नहीं शक्ति ही बस नहीं थी
उठे बाहुओं में,
तड़प थी बहुत किन्तु क्षमता नहीं थी---
इसी से गरुड़ के सभी पंख
टूटे हुए हैं,
विगत स्नेह की स्निग्ध हरियालियाँ
आज
झुलसी हुई हैं,
खंडिता मूर्तियाँ हैं;
ओ चीड़ के पेड़,
मैं हूँ मरुस्थल,
मैदान जलता हुआ-सा,
पड़ा जो शिखर के चरण से बहुत दूर,
जलता, सुलगता,
अभी रात भी सामने घाटियों में
अकेली पड़ी
गिन रही तारिकाएँ,
चुप - चुप अंधेरा बिछा है
उतरती हुई मौन पगडंडियों पर।

तुम्हीं बस,
किसी याद में जग रहे हो
मुखर हो,

सागर गरजता किसी बेकली का तुम्हारे हृदय में—
इसी से अभी चाहता था सुनाना
तुम्हें मैं—
सुनोगे ?
ओ सनसनाते हुए चीड़ के पेड़ !
मरुभूमि की भी कहानी सुनोगे ?

—नेमिचन्द्र जैन
जन्म १९१९

हिमालय से

बहुत दिनों के बाद
हिमालय तुझे देखकर
ऐसा लगता है
जैसे कोई अपना आत्मीय मिल गया !
हृदय कमल में
आकुल-व्याकुल
बंदी सौरभ आज मुक्त हो
देख-देख तेरी उज्ज्वलता
फैला दिग्दिगंत में साँसें
स्वयं सिद्ध अस्तित्व पा गया !

तेरे ये काले घुँघराले
अलक जाल नव बादल वाले
गंध - अंध नित नभ में पुलकित
मेरे ही सौरभ से सुरभित
इतना भी तू और जान ले
तेरे सुख की चिर समाधि यह
मेरे नव चेतन से मंडित
यद्यपि तू विराट मैं सीमित !

नभ करता श्रृंगार
भाल में चंदन कुमकुम रोली
नव प्रकाश की नव विकास की
नव जागृति की नवयुग-सम्मत
विहग-विहग की बोली
उदयाचल को किरणमाल दे
नित्य प्रात में
सानु शीश पर स्वर्ण मुकुट पहनाकर !

और रात में
स्नेह - सिक्त हो
चाँद विहँसता
रस के स्वर बस बातें करता
किरण कला के साथ
मित्रता के फैलाता हाथ
माधुरी से नहलाता
तुझे सुलाता, तेरा मन बहलाकर
तुझसे किसकी समता !

करुणामय !
तेरी करुणा की
स्नेहशीलता की द्रवता की
लहरें यमुना - गंगा
प्रकृति परी यह पाणि पल्लवा
तेरे जल से सिंचित
अन्तस्तल की तेरे धड़कन
शत शत जलधि तरंगा !

राष्ट छत्र तू
ऊर्ध्व मूल है मेरी इस माटी का
मुझे याद है
ज्ञान ध्यान सब
तेरे घर घाटी का
बहुत से हैं तेरे उपकार
सजलता के अक्षय भाण्डार !

किन्तु देखता मीत
आततायी की कलुषित जीत

भ्रांति पर भीति चढ़ी है
पाप युद्ध के जयघोषों की
डफली जीवित मनुज चर्म से
फूली और मढ़ी है।

शिखरों का उपहास
चतुर्दिक फैला हाहाकार
पाशविक बल का पारावार
अरे तू अब भी साधे मौन
विस्मृति के इन छल-पलनों में
तुझे झुलाता कौन?

यही समय
तू सँभल खड़ा हो
महा गगन को थाम शीश से
अडिग चरण युग धरती पर धर
फैला निज प्रलम्ब बाँहों को
अहे हिमालय करुणालय तू
अखिल विश्व का आलिंगन
हृदय लगाकर शीतल कर दे
ज्वालामय दानव चाहों को!

बढ़े दनुज सिर चढ़े नाचते
सैन्य-शक्ति की माप जाँचते
मानवता बिललाती
शंकर के शुभहास
सृष्टि-संरक्षण तेरी थाती।

यह कुमार संभव की बेला
छोड़ समाधि जाग अलबेला

सती वरण कर शिव संन्यासी
उठ कल्याणों के कैलाशी
भारत में चल रहा आज फिर
देवासुर संग्राम
तुम्हारा युग युग का अवधान
देव-संरक्षण का अभियान।

शीघ्र सजग हो
बनो कर्मरत
अब क्यों, कैसी देरी
आज नयी हो मेरी तेरी
शक्ति - भक्ति की मंगल फेरी
दोनों की पहचान
जाग उठ, जाग - जाग हिमवान!

—गंगाप्रसाद पाण्डेय

जन्म **१९१८**

हिमवंत अर्चन

तुम से पावन और उच्च कुछ भी पृथ्वी के
पास नहीं था, इसीलिए पूजन करने की
अभिलाषा जब हुई उसे प्रभु के चरणों की,
तुम्हें उठा हाथों में कमलों की माला-सी,
भूमि लग्न वह हुई भक्ति से गद्‌गद होकर !

उसी भाँति तुम स्वच्छ और निश्चल आँखों से
देख रहे हो स्वर्ग-लोक की ओर ज्योति में,
जहाँ वास करते प्रभु पृथ्वी के परमेश्वर;
प्रभु आये या नहीं ग्रहण करने को तुम को,
स्वर्ग-लोक हो अथवा नहीं जहाँ वह रहते,
पर अपनी दृढ़ भक्ति और निश्चल श्रद्धा से,
स्वर्ग-लोक का निशि-दिन चिन्तन करते करते
तुम बन गये स्वर्ग से सुन्दर लोक स्वयं ही।

तापस

बिखरा जटा खड़ा वह तापस, युग-युग से पर्वत के ऊपर !

पूर्व दिशा की ओर चमकता उसकी रजत जटा पर दिनकर,
पश्चिम में बैठी है रजनी उसी जटा के नीचे छिप कर;

पूर्व दिशा में उमड़ रहे हैं उसकी जटा छोड़कर निर्झर,
पश्चिम में उसके बालों में लिपट रहे हैं व्याल भयंकर;

पूर्व दिशा से अमृत बरसता, पश्चिम से विष झरता झर-झर,
कटि पर उसके लहराते घन, चूर चूर तारे मस्तक पर !

—स्व० चन्द्रकुंवर वर्त्वाल
१९१९—१९४७

उषस्

हिमालय के तब आँगन में
झील में लगा बरसने स्वर्ण,
पिघलते हिमवानों के बीच,
खिलखिला उठा दूब का वर्ण;
शुक्र छाया में सूना कूल, देख
उतरे थे प्यासे मेघ,
तभी सुन किरणाश्वों की टाप,
भर गयी उन नयनों में बात,
हो उठे उनके अंचल लाल,
लाल कुंकुम में डूबे गाल,
गिरी जब इन्द्र दिशा से देवि !
सोम-रंजित नयनों की छाँह
रूप के उस वृन्दावन में !

व्योम का ज्यों अरण्य हो शान्त,
मृगी शावक-सा अंचल थाम,
तुम्हें मुनि-कन्या-सा घन क्लान्त
तुम्हारी चम्पक बाहों बीच,
हठीला लेता आँखें मींच,
लहर को स्वर्ण कमल की नाल,
समझ कर पकड़ रहे गज बाल,
तुम्हारे अन्तरीय के रंग,
किरण फैला आती हिम - शृंग,
हँसी जब इन्द्र दिशा में देवि !
सोम रंजित नयनों की छाँह,
मलय के चन्दन-कानन में !

उषस्

अश्व की वल्गा लो अब थाम,
दिख रहा मानसरोवर कूल ! !

गौर कन्धों पर ग्रीवा डाल,
पूछते हंसों के ये बाल,
स्वर्ग से दिखती है यह झील,
हिमालय लगता होगा पाल।
तुम्हें वे यक्ष-पत्नियाँ देख, करेंगी गीत सुना अनुकूल !
तराई वन जब कर लो पार,
वहीं हैं नगर ग्राम औ' खेत,
कहीं तट की मृदु बाहें डाल,
सो रही होगी यमुना रेत,
साँझ हम गंगा-जल से किरण-कलश फिर भर देंगे इस कूल ! !
कहीं क्षिप्रा में श्रद्धा एक
अर्घ्य दे गुनती होगी श्लोक,
रंगमय एक लहर कर देवि!
माँग भर देना रथ को रोक,
गगन का श्रेष्ठि खड़ा है नील बाँह में लिए भूर का झूल ! !
पुष्ट चिट्टे वृषभों को देख
लगेगा दिन बन आया बैल,
चीर भूमा का उर आधार,
उगे सीता में जीवन बेल,
पुष्पवती पृथ्वी को देना धाम, हँसे अंचल के चावल फूल ! !

—नरेश कुमार मेहता

जन्म १९२४

नमन

हिम-शिखर, निर्झर, नदी-पथ, चीड़-वन—
मुक्त मन के लिए बन्धन हो गये।

दृश्य से छन कर समाये आँख में,
आँख से मन में बसे, मन हो गये।

नमन मेरा हिम-जलद-अभिषिक्त शृंगों को,
नमन मेरा शान्त संध्यातीत रंगों को।

इन्द्रधनु के गुच्छ के गुच्छ जिन पर तैरते रहते,
नमन मेरा अलकनन्दा की तरंगों को।

आँख भर देखा कहाँ आँख भर आयी।

अटकी ही रही दीठ।
वह हिमगिरि माल ढीठ।

मेरे ही आँसू के झीने पट ओट छिपी,
देखता रहा जी भर दी नहीं दिखायी।

आँख भर देखा कहाँ, आँख भर आयी।

पंक्ति - बद्ध देवदारु,
रोमिल, श्लथ, दीर्घ, चारु,

चन्दन पर श्यामल कस्तूरी की गन्ध सी,
जलदों की छाया हिमशृंगों पर छायी।

आँख भर देखा, कहाँ आँख भर आयी।

शिखरों के पार शिखर,
बिंध कर दृग गये बिखर,

घाटी के पंछी सी, गहरे मन में उतरी,
बदरी-केदारमयी मरकत गहरायी।

आँख भर देखा कहाँ, आँख भर आयी।

मैं वह क्यों नहीं हुआ

जिसने
हिम शिखरों की रक्षा में
पहला आघात सहा।

जिसके घायल तन से
चौड़ी चट्टानों पर
प्रथमबार
किसी गर्म सोते सा
रक्त बहा।

मैं वह क्यों नहीं हुआ।

—जगदीश गुप्त
जन्म १९२४

हिमालय की याद में एक पत्र

सुनो
मैं जानता था एक दिन देखे हुए वे
वन, नदी, पर्वत
बड़ी तर्रार सैलानी हवा में झूमते जंगल
दुपट्टे की तरह उड़ते हुए निर्झर
अनेकों घाटियों के पार से आता हुआ वह स्वर पपीहे का,
अभी जो उड़ गया है बेतहाशा बरस कर ओलों भरा बादल,
कटोरे की तरह चारों तरफ़ से घेरती सी चोटियाँ तिरछी
ज़रा से रास्ते के लिए सब कुछ तोड़ने वाली नदी की
तेज़, लापरवाह, धाराएँ
ढलानों पर तराशी खेतियाँ ऊँची दुकानों सी
अचानक झोंपड़े, फिर गाँव, फिर कुछ लोग परिचित से
अकेली राह को सहसा जिला कर छोड़ देता जंगली पाटल
ठहरने के लिए मजबूर करता पत्थरों से फूटता पानी
बरफ़ उजली, बरफ़ नीली,
बरफ़ मिट्टी मिली बेताब हाथों में पिघलने को
बरफ़ बेदाग ढालों पर लहरियादार पानी सी
बरफ़ वह आख़िरी, आज़ाद...
ऊँची चोटियों पर दूर मञ्ज़िल सी
कि जिसको देख कर हम देर तक ख़ामोश बैठे थे...

सभी कुछ याद आयेगा :
कहेगा : हम अभी भी हैं;
ज़हाँ से तुम छलक कर, डूब कर, ख़ामोश होकर
लौट आये थे
उसी फैले हुए बेलौस पन में हम अभी भी हैं;

जिसे तुम कह नहीं सकते महज़ महसूस करते हो
उन्हीं लाचार सी अनुभूतियों में हम अभी भी हैं;
अगर यों सिर्फ़ आँखें फेरने से काम चल जाता
तो फिर ऐ दोस्त, जी लेना बहुत आसान हो जाता
मगर हम और हम जैसे
कि जिनसे ज़िन्दगी की बात का मतलब निकलता है
महज आसान रस्तों में भुलाए जा नहीं सकते
तुम्हें फिर याद आएँगे !

बहुत बेचैन हैं फिर पैर उस सहरानवर्दी को,
तुम्हारे साथ में बीती फ़िज़ाएँ याद आती हैं
भुजाएँ फैल कर फिर भेंट लेने को तड़पती हैं
सुनो फिर वर्फ़ में भीगी हवाएँ याद आती हैं।

—विजयदेव नारायण साही
जन्म १९२४

घाटी का बादल

... ...

पतला पड़ने लगा
दृष्टिरोधी वह परदा,
सहसा मुखर हो उठी वह निश्शब्द शून्यता।
दीखे नहीं,
मगर चीड़ों ने सन्-सन् कर मदमाती गन्धों वाले
पवन-सँदेसे भेजे,
झुरमुट में सहमी चिड़ियों ने
दबे कण्ठ से मुझे पुकारा,
दूर कहीं सुन पड़ा पहाड़ी गाने का स्वर।

थोड़ा-सा विश्वास लौट कर आया मुझ में।
दीख नहीं पड़ते हैं,
पर इस गहन कुहा में
कितने ही जंगली रास्ते आते-जाते
पथिकों से अब भी सजीव हैं,
अपराजित है जिनमें चलने की आकांक्षा।

दीख नहीं पड़ता है सूरज
पर दो शिखरों बीच झर रही
दिव्य ज्योति-सी धूप धुँइली।
नदियाँ नीचे चमक उठीं रूपाडोरी-सी,
और दूधिया शीशे में से
झलक उठे हैं वृक्ष बाँज के, पुल लोहे के,
धीरे-धीरे परतें कटने लगीं धूम की
यहाँ-वहाँ पर

पिघले सोने के पानी-सी
धूप टपकने लगी
गाँव खिल गये फूल से।

बादल जैसे आया वैसे लौट गया है
केवल कुछ बादल के पीछे छूटे टुकड़े
छायादार झाड़ियों में विश्राम कर रहे
जैसे धौरी-उजली गायें।

.. ..

एक अकेला चंचल बादल
चाँदी के हिरने-सा घाटी में चरता है।

—धर्मवीर भारती
जन्म १९२६

भारतवर्ष

बन्दी न हिमालय हुआ, शिव-शिखर गिरा नहीं,
आक्षोद - सरोवर में विदेश - विधु तिरा नहीं।
भारती पहनती रही अनवरत हेम - हार,
भू - मानस में अवतीर्ण बीजवर्षी विचार!

*　　　*　　　*

भौगोलिक सुविशाल देश का
शुभ्र हिमालय-शिखर तुषार-किरीट,
शिव-सुगंध से व्याप्त शान्ति-आकाश
चतुर्दिक
आत्म - ध्वनित ताण्डव का हास-विलास!
कला - पार्वती की क्रीड़ाएँ हिमोद्यान में
आध्यात्मिक चापल्य शैल पर मेघ-गान में
वादित वायु-मृदंग शान्त कमनीय छटा पर
चमक-चमक उठती कविता रमणीय घटा पर
चन्द्र-तूलिका हिम - शिखरों को चित्रित करती
निशि के नील वक्ष से तारक - कलियाँ झरतीं
पंख खोलकर देवदारु - वन में अप्सरियाँ—
शिव-सरिता में भरती सुर-हित इन्द्र - गगरियाँ!

भूपर - ऊपर किरण - चरण स्वच्छन्द तरंगित
ज्यों जाग्रत प्राणात्मा करती मन को इंगित
सलिल-गीत से गुंजित गिरि - निर्झरिणी झर-झर
उड़ती पंक्तिबद्ध शत विहगी रंगबिरंगी सस्वर!

उत्तर के समतल भूतल पर
गंगा-यमुना-सिन्धु-ब्रह्मनद सदा प्रवाहित
मध्य भाग में विन्ध्याचल की शैल - श्रेणियाँ,

उसके नीचे
दाक्षिणात्य की कलामयी वंकिम वसुधा पर
बहती प्रतिपल
महानर्मदा, ताप्ती, गोदावरी और कृष्णा, कावेरी।

इन नदियों के नीचे तीनों ओर
उद्वेलित अम्बुधि-प्रवाह उद्दाम
पश्चिम पारस,
पूर्व ब्रह्म-भू
इसी मानमन्दिर का भारत नाम!

—पोद्दार रामावतार 'अरुण'
जन्म १९२५

हिमालय

मूर्तिमान शिव के स्वरूप-सा अचल अखण्ड योग में लीन
अक्षय शक्ति और श्री-संयुत चिर पुराण और नित्य नवीन,
करता आतमा की विभूति से आलोकित समस्त संसार
करता निज आनन्द-स्रोत का रसधाराओं में विस्तार !

शक्ति शील सौन्दर्य तेज, श्री विक्रम का अपूर्व अवतार
मानवता के हित जीवन का महिमापथ आदर्श उदार,
राजित है उत्तर आशा सें ध्रुव-सा पर्वतराज विशाल
आदि अन्त्य सम्राट विश्व का भारत का शाश्वत भूपाल।

करुणा ने निज स्वर्णकरों में लेकर रवि का मुकुट महान
उन्नत मस्तक पर पहनाया, गा जीवन के मंगल - गान,
किया तेज का तिलक भाल पर भर उर में अपूर्व आह्लाद
रोम रोम में जगा प्रकृति के उत्सव का सुन्दर सम्वाद;

आतपत्र-सा रुचिर शीश पर राजित जिसके व्योम-वितान,
मसृण रजत-मेघों के मन्थर चँवर डुलाता मृदु पवमान,
देवदारु के दण्ड दीर्घ ले खड़े शिखर कितने श्रीमान्,
सेवा में अविचल औ' उत्सुक, शरणागत राजन्य समान;

मधुर, मन्द, गम्भीर, स्वरों में निर्झर कर विरुदावलि गान,
करते कीर्ति-प्रसार चतुर्दिक तोषित बन्दी वर्ग समान,
कोमल कर से दिव्य दिशायें वायु-व्यजन का मृदुल विलास
प्रति पल कर, हरतीं भूपति का शासन-जनित सकल आयास।

पूर्व और पश्चिम की पर्वत मालायें युग बाहु समान
बाधाओं के विषमक्षणों में बन कर सदा प्रबल व्यवधान,
मृदुल अंक में रहीं पालतीं सुन्दर शिशु-सा भारतवर्ष
दुर्बलता का शाप बन गया संस्कृति का रक्षित उत्कर्ष;

पाहन के कठोर अन्तर से प्रकटित हो मृदुभाव समान
बनते कोमल कुसुम चरित का सुन्दर और अपूर्व प्रमाण;
सन्ध्या के रंजित मेघों के बनकर रंजित चित्र-विधान,
रंग-बिरंगे पुष्प प्रान्त हैं इन्द्रधनुष के से उपमान।

हिम शिखरों की ज्योति समुज्ज्वल पावन करती जग की दृष्टि,
निर्मल अन्तर में मुनियों के करती दिव्य भाव की सृष्टि;
निर्मल नीर भरी धारायें कर रसमय पर्वत के प्रान्त,
करतीं जीवन के गीतों से गुंजित वे निर्जन एकान्त।

राशि राशि रंजित फूलों से भरी घाटियों के विस्तार,
नन्दन के अवतार भूमि पर, फैलाते आमोद अपार;
मादक गन्ध गन्धमादन की भर अनन्त आमोद-विभूति,
भवसागर के राजकमल की फैलाती सौरभ-अनुभूति।

सदा हरित जीवन के रस से देवदारु उन्नत सुविशाल,
तूफानों में अचल शैल-से जग के प्रहरी उन्नत-भाल!
भोज-वृक्ष, जिनके पत्रों पर अंकित पुराचीन इतिहास
डाल रहा है आज विश्व के जीवन पर निस्सीम प्रकाश!

कानन और कन्दराओं में जिसके करते नित्य निवास
कस्तूरी मृग, सिंह, ऋक्ष, गज, चमरी धेनु आदि सविलास,
गुञ्जित करते मधुगीतों से गिरि कानन के मंजुल कुञ्ज
पुष्पों-से अनन्त-वर्णों से भूषित नित विहगों के पुञ्ज।

दिशा भूल कर दिक् दिग्भ्रम में यहाँ भटकती चारों ओर,
भूल काल-क्रम प्रकृत, मुक्त-क्रम करता कलना काल कठोर,
कला-काव्य के मौलिक क्रम के बन स्वतन्त्र सुन्दर विन्यास,
करते हैं ऋतु-काल अलौकिक क्रम से यहाँ अपूर्व विलास।

अविचल तप के से प्रतीक वे शिखर शिला निश्चल निस्पन्द,
मेघ-प्रपातों के निस्वन में ध्वनित मन्द वेदों के छन्द;
निर्झर सरिताओं के स्वर में बहते वहुमुख शास्त्र-पुराण,
शुद्ध समीरण में संवाहित सहज तत्व का दुर्गम ज्ञान।

सदा समाधि-लीन शिव-सा ही अखिल विश्व का मंगल-मूल,
जीवन और जग की विभूति है इसके श्री-चरणों की धूल,
ध्यान लीन दृग के कोटर से निःसृत करुणामृत की धार,
भरती भारत के गृह-गृह में जीवन का वैभवभाण्डार।

उज्ज्वल तेज, कान्ति महिमा से यह जीवन का ज्योतिर्दीप
कर देगा चिर प्राप्ति सिद्धि से जीवन के सब इष्ट समीप,
उमा और शंकर के तप का योग-पूत यह पीठ महान
तपोभूमि कर पद पद जग का, होगा संस्कृति का वरदान।

—रामानन्द तिवारी

जन्म १९१९

हिमालय के आँसू

दर्द यह कैसा हिमालय! आज यह कैसा रुदन है?
क्या हुआ जो सिसकियों के भार से बोझिल पवन है?
गल रहा चट्टान का तन आज क्यों बनकर हिमानी?
वज्र से मन में जगी कोई दबी पीड़ा पुरानी?
आँख से छलका हिमालय! अश्रु जो पहला तुम्हारा।
दे गया सहसा किसी भूचाल का मुझ को इशारा!

बह चलीं नदियाँ उछल छल-छल, विकल निर्झर चले हैं,
अश्रु जल है, पर, मुझे हर बूंद में शोले मिले हैं।
प्राण की ज्वाला पिघल कर आँसुओं में ढल रही हैं,
आदमी के दर्द की कोई कहानी चल रही है।
मैं न सुन पाता, मगर संवेदना सब सुन रही है,
अश्रु कितने गिन रही है, दाह कितना, गुन रही है।

पढ़ रहा हूँ मैं तुम्हारी वेदना की मूक भाषा,
दे गई है आग मेरे प्राण को तेरी पिपासा।
और तेरे साथ मेरे गान गीले हो गए हैं,
राग भारी हो गए, अरमान गीले हो गए हैं।
हाँ, मगर मैं स्वाभिमानी, दृग बहा पाता नहीं हूँ,
मर्त्य हूँ, रोकर हृदय का दर्द गा पाता नहीं हूँ।

दाह कितना हो, बिलखना मैं न लेकिन सीख पाया,
पी गया जितना मिला, विष, और पीकर मुस्कराया,
मैं समझता हूँ तुम्हारी पीर, प्राणों की विकलता,
घुल रहे तुम, पर हमारा दाह बहता है पिघलता।
आँख तेरी है, मगर रोता दुखी संसार इसमें,
रो रहा है धर्म इसमें, रो रहा है प्यार इसमें।

तुम कि जो इस सृष्टि के सार चलन देखे हुए हो,
मास-वर्षों का, युगों का संचरण देखे हुए हो।
वह प्रथम मानव कि जिसने इस धरा पर आँख खोली,
भर गया कितनी उमंगों से हृदय की रिक्त झोली।
तुम हँसे इतना कि तुमने यह धरित्री सींच डाली,
और पतझर ने तुम्हारे सामने ग्रीवा झुका ली।

पट गया हरियालियों से शुष्क रेगिस्तान हारा,
बन गये थे तुम नियति के दूत! जीवन को सहारा।
चर्म के तन पर वसन, नख-दन्त-अस्त्रों का अहेरी,
डोलता फिरता गुँजाता नर-विजय की दिव्य भेरी।
एक-दो, दस-बीस, क्रमशः एक मेला जुड़ गया था,
आदमी का हाथ रचना की डगर पर मुड़ गया था।

साधना ऊपर उठी, नक्षत्र नभ के तोड़ लाईं,
कर्म ने विधवा दिशा के भाल पर रोली रचाईं।
लालसाओं ने पवन की डाल पर झूला झुलाया,
आदमी आगे बढ़ा तो सिन्धु सातों छान आया।
भूख जीवन की रहस्यों के किवारे खोलती थी,
सभ्यता अपनी धरा पर मुक्त होकर डोलती थी।

और तब से रात-दिन ढलते रहे, युग-कल्प बीते,
खोजता आया चला इन्सान जीने के सुभीते।
एक अंकुर था जहाँ, झुरमुट गुलाबों के खड़े हैं,
सिर झुकाए धूल में रौंदे हुए काँटे पड़े हैं।
आँधियों में दीप जीवन का कमल सा खिल रहा है,
स्वर्ग का आसन धरा की गर्जना से हिल रहा है।

किन्तु तब में आज में कितना बड़ा अन्तर हुआ है,
आदमी भीतर घुना, बाहर भले उर्वर हुआ है।
भू-गगन बाँधे, उदधि बाँधा, दिशाएँ बाँध लाया,
एक अपनी ही पिपासा नर न अब तक बाँध पाया।
दो हृदय के बीच कितने भेद की दीवार आई,
शक्ति ने अपने लहू को रौंदने भेरी बजाई।

धर्म ने चाहा भ्रमित नर का अँधेरा पथ बदल दे,
कर्म ने चाहा हृदय की राह के काँटे कुचल दे।
ज्ञान की गंगा बही, इसके कलुष पर धुल न पाए,
अनसुनी कर बढ़ गया यह दम्भ की ग्रीवा उठाए।
राम का पौरुष जगा, घनश्याम की गीता जगी थी,
स्नेह का वरदान ले राधा जगी, सीता जगी थी।

बुद्ध गाँधी की तपस्या, सूर - तुलसी का तराना,
खाल खिचवा दी इसे 'तबरेज़' ने चाहा जगाना।
युद्ध - हिंसा, पाशविकता का, घृणा का क्रम न बदला,
चढ़ गए सूली सहज ईसा मगर आदम न बदला।
निर्वसन तन पर वसन पर मन अभी तक निर्वसन है,
नग्न प्राणों पर न कोई भव्यता का आवरण है।

तर्क है, श्रद्धा नहीं, विश्वास का संबल नहीं है,
आदमी के पास पावन प्यार का आँचल नहीं है।
रो रहे हो तुम हिमालय! घाव कुछ ज्यादा हरे हैं,
सृष्टि के शव पर तुम्हारे अश्रु अक्षत - से भरे हैं।
बिजलियों की यह कड़क, काली घटाएँ आ गई हैं,
चाँद - तारों पर निराशा की परत - सी छा गई है।

कुण्डली मारे तिमिर की सर्पिणी फुफकारती है,
क्रुद्ध झंझावात, प्राणों की बुझी सी आरती है।
पर हिमालय! ओ पुरातन विश्व-मानव के पुजारी!
व्यर्थ जाएगी नहीं संवेदना निश्छल तुम्हारी।
आज भी मेरा अटल विश्वास, आएगा सबेरा,
जगमगाएगा नये आलोक से आकाश तेरा!

—आनन्द मिश्र

जन्म १९३३

हिमालय के प्रति

भारत के शीश हिमालय को,
है मेरा बारम्बार नमन !

सबसे पहले जिसके माथे पर–
सूरज तिलक लगाता है,
जिसके यश को सागर अपनी
अनगिन लहरों से गाता है,
जिसको ऊँचाई पर, मैं ही क्या–
गर्वित भारतमाता है,

जननी के इस गौरव गिरि की
आरती सजाता नील - गगन!

जिसके चरणों पर धरती–
औ' बाहों में गंग-जमुन जल है,
जिसके नयनों का काजल ही–
उड़कर बनता बादल-दल है,
पर्वत कैसे कह दूँ इसको–
यह तो मेरा तीर्थस्थल है !

इस तीरथ के दर्शन से ही–
मानस बन जाता है दर्पण!

यों तो इसने सबकी उन्नति
अपनी ही जैसी चाही है,
सबके सँग सच्चाई औ'
सुन्दरता की नीति निबाही है,
पर कभी किसी से झुका नहीं
इसका इतिहास गवाही है;

ऐसे गर्वोन्नत प्रहरी पर
न्यौछावर मेरा तन-मन-धन।
भारत के शीश हिमालय को
है मेरा बारम्बार नमन!

—रमानाथ अवस्थी

जन्म १९२६

देवतात्मा जय हिमालय

शान्ति की साकार प्रतिमा
जय महानगराज जय जय!
देवतात्मा जय हिमालय!

दिव्य पुंजीभूत गौरव तुंग भारत भाल तुम हो,
चेतना की मूर्ति मङ्गल, मृण्मयी हिमज्वाल तुम हो।

लोक का आलोक उज्ज्वल
तुम शिखर हो स्वर्ण छबिमय!
देवतात्मा जय हिमालय!

ध्यान में कबतक रहोगे लीन यों फिर आज जागो,
शत्रु प्राङ्गण में तुम्हारे हैं खड़े नगराज जागो!

दस्यु दल देखो मिटाते
आ रहे पावन शिवालय,
देवतात्मा जय हिमालय!

एक अंगड़ाई तुम्हारी भग्न कर दे ध्यान हर का,
खोल दे ज्वालामुखी का स्रोत, हर ले भय समर का।

दानवों को आज अपनी
शक्ति का दे दो सुपरिचय!
देवतात्मा जय हिमालय!

बाँसुरी में तुम विजय की शंखध्वनि विकराल कर दो,
रक्त को अङ्गार-कणिका, मोम को भी बज्र कर दो!

जागरण की मन्त्र-ज्वाला से
जगे नूतन युगोदय!
देवतात्मा जय हिमालय।

राष्ट्र के रक्षार्थ कण-कण हो समर्पित देश जन का,
मुक्ति जय रणघोष गूँजे मन्दिरों से भीष्म-प्रण का।

भरत - भू अपराजिता
बलिवेदिका बन जाय निर्भय !
देवतात्मा जय हिमालय !

—आरसी प्रसाद सिंह
जन्म १९१३

गुरु-गौरव-गिरि सीमा पर

भारत के उत्तर के उन्नत मानदण्ड की
जीवित जाग्रत मर्यादाओं को विदीर्ण कर,
पदाघात से जीर्णशीर्ण कर
शुभ्र शान्ति की सौम्य मूर्ति को हत-विकीर्ण कर,
तुमने जो
इतिहास-विरोधी-युग अवरोधी,
श्रेष्ठ शील-संस्कार-निरोधी,
आक्रमण किया है
जनमन के आदर्श देश पर—
सहज शस्य-श्यामल प्रदेश पर,
हम उसका प्रतिकार करेंगे,

अमर समर में रमे राम के परम ध्यान से
मेघ और मारुत-मतंग के बल विधान से
उमड़ चली निबन्ध रक्त की रौद्र धार से
हम तुमको विध्वस्त करेंगे—

इन्द्रायुध से हम सम्पादित पूर्णाहुति संहार करेंगे,
रज में तुमको हे रणरागी विरज करेंगे,
हम गुरु-गौरव-गिरि सीमा पर,
मोक्ष द्वार पर,
मानदण्ड का मान प्राप्त कर,
जय का अनहद नाद करेंगे;

आयुर्बल का सोम पियेंगे!
ब्रह्मा के शत वर्ष जियेंगे!

—केदारनाथ अग्रवाल

जन्म १९११

हिमकिरीट धारी

तीन समुद्रों के संगम में एक चरण के बल पर
कोई तापस खड़ा हुआ है ध्यानावस्थित होकर,
घुटनों तक लम्बी बाँहों को अर्धवृत्त में मोड़े
सूरज की अगवानी में दोनों हाथों को जोड़े !

ध्यान-ज्ञान के साथ तपस्वी है यह महा धनुर्धर,
एक हाथ में कमल, धनुष है दूजे में प्रलयंकर,
जन्मजात हैं इसके कुण्डल और कवच चमकीले
शिरस्त्राण हिमवान् श्रृंग हैं जिसके बड़े कटीले !

ध्यान-मग्न ऐसे तापस पर किसने वार किया है?
छिपकर छुरा चला माथे पर रक्त उछाल दिया है,
शिरस्त्राण पर लाल लहू के चमक रहे अंगारे
धधक उठी है आग सम्हल जाओ निर्मम हत्यारे !

प्रत्यंचा खिंचते ही दुश्मन पीठ दिखा भागा है
योगी के अधरों पर रण का नया मन्त्र जागा है,
अपने आप अमोघ शक्ति के गीत उठे आते हैं
अफ्रीका एशिया जिन्हें सुन सुन कर दुहराते हैं।

एक गीत का बोल प्रगति का रथ यह नहीं रुकेगा,
प्राण चुकें, बलिदानी वीरों का क्रम नहीं चुकेगा,
झुक जाये दीवार चीन की नरम हरी टहनी-सी
लेकिन आक्रान्ता के आगे भारत नहीं झुकेगा !

एक गीत के बोल हमें जनतन्त्र बहुत प्यारा है
तानाशाही पद्धतियों को हमने धिक्कारा है,
लंका, मिस्र, मलाय की आज़ादी का हर सैनिक
हमको लगता था कि हमारी आँखों का तारा है !

. . .   .

एक गीत के बोल कि जय हो उन सब माताओं की
जिनके बेटे गोदी लेटे मौत भरी छाँओं की,
धूल नहीं मिल सकी हिमालय को सिर पर धरने को
धन्य हुआ वह छूकर बर्फ जवानों के पाँओं की !

खारे जल में एक चरण पर खड़ा हुआ है योगी,
कहता है—माँ बोलो, बोलो क्या कुर्बानी लोगी,
मैं सूरज का पुत्र कर्ण हूँ, कुण्डल-कवच-समन्वित
करूं शस्त्र सन्धान, सिर्फ तुमको करना है इंगित !

अगर कहो तो पीत रक्त से शिरस्त्राण यह धो दूँ
तानाशाही मुण्ड तुम्हारी माला बीच पिरो दूँ,
फिर कोई शैतान इधर का रुख न कभी कर पाये
पर्वत-पर्वत घाटी-घाटी तीर नुकीले बो दूँ !

एक बार धोखा खाया है फिर न कभी खाऊंगा
चीनी चालों के कुचक्र में अब न कभी आऊंगा,
कवच किरीट और कुण्डल मेरे सहजात सहोदर
इन्हें नहीं छोड़ूंगा, अब मैं विरथ नहीं जाऊंगा !

मैं सूरज का पुत्र
दिशाओं में गुंजित मेरी रणभेरी,
मेरा मुकुट रहेगा मेरा,
मेरी भूमि रहेगी मेरी !

—राजनारायण बिसारिया

जन्म १९३१

परम प्रीति से फैला

देखा वर मुद्रा में दक्षिण कर तुमने है
देखो अब उठी हुई लौह-मुष्टि
आगे बढ़ जा सकती ऊपर हिमालय के।

भङ्गुर समझ जिसे किया था प्रहार वही
बन अखंड बज्रखंड, मृत्यु-प्रण एक शपथ
कन्या कुमारी से हिमगिरि तक फैल गया!

गया हूँ हिमालय के पार कई बार मैं भी
लेकर अमृतमयी वाणी अभिताभ की।

किन्तु तुम आये हो रक्तलुब्ध श्वापद बन,
तभी स्वीकार करवायेंगे ऋण तुम से,
निष्कलंक कर, हिमवन्त का पवित्र हिम
जिस दिन तुम्हारे इन मद-घूर्णित चक्षुओं की
लाली दूर कर देंगे।

—प्रेमेन्द्र मित्र
जन्म १९०५

मानसरोवर आमुख है

देहरी है लद्दाख हमारी
नेफा घर का द्वार है,
आँगन है आसाम, हिमालय
आँगन की दीवार है।
कंकर कंकर शिवशंकर है
तीर्थ राज कैलाश का!
मानसरोवर आमुख है
निज भारत के इतिहास का!

—नीरज
१९२६

तुम हमारी चोटियों की बर्फ़ को यों मत कुरेदो

आँधियों ने गोद में हमको खिलाया है न भूलो;
कण्टकों ने सिर हमें सादर झुकाया है न भूलो;
सिन्धु का मथ कर कलेजा हम सुधा भी शोध लाये;
औ' हमारे तेज से सूरज लजाया है न भूलो!

वे हमीं तो हैं कि इक हुंकार से यह भूमि काँपी,
वे हमीं तो हैं, जिन्होंने तीन डग में सृष्टि नापी,
और वे भी हम, कि जिनकी सभ्यता के विजयरथ की,
धूल उड़कर छोड़ आयी छाप अपनी विश्वव्यापी!

वक्र हो आई भृकुटि तो ये अचल नगराज डोले,
दश दिशाओं के सबल दिकपाल ये गजराज डोले,
डोल उट्ठी है धरा, अम्बर, भुवन, नक्षत्र, मण्डल,
ढीठ अत्याचारियों के अहंकारी ताज डोले!

सुयश की प्रस्तर-शिला पर चिन्ह गहरे हैं हमारे,
ज्ञान-शिखरों पर धवल ध्वज चिन्ह लहरे हैं हमारे,
वेग जिनका यों कि जैसे काल की अंगड़ाइयाँ हों,
उन तरंगों में निडर जलयान ठहरे हैं हमारे!

मस्त योगी हैं कि हम सुख देखकर सबका सुखी हैं,
कुछ अजब मन है कि हम दुख देखकर सबका दुखी हैं,
तुम हमारी चोटियों की बर्फ़ को यों मत कुरेदो,
दहकता लावा हृदय में है कि हम ज्वालामुखी हैं!

लास्य भी हमने किये औ' ताण्डव हमने किये हैं,
वंश मीरा और शिव के, विष पिया है औ' जिये हैं,
दूध माँ का, या कि चन्दन या कि केसर जो समझ लो,
यह हमारे देश की रज है, कि हम इसके लिए हैं !

—रामानन्द दोषी

जन्म १९२१

वतन का शिवाला

कलाओं का मन्दिर अदब का शिवाला,
वतन का पुराना निगहवाँ हिमाला,
यह भारत का मस्तक है भारत का मस्तक
किसी के झुकाये नहीं झुकनेवाला!
हिमाला की चट्टान बन कर उड़ेंगे!
हम एक-एक चप्पा की ख़ातिर लड़ेंगे!

नहीं हमको अगयार की अब ज़रूरत,
हमारा वतन हम करेंगे हिफाजत,
है चीनी लुटेरों को आने का क्या हक़?
फरिश्ता भी आये तो लेकर इजाज़त;
फलक यह नहीं सर जमीने चमन है!
यह जन्नत नहीं है हमारा वतन है!

बुलाता है तूफां – किनारों से निकलो!
गुफाओं से मंडप से, गारों से निकलो!
है ख़तरे में शेरो! तुम्हारी तराई,
शिकार आ रहा है, कछारों से निकलो!
घटा जुल्म की देश पर छा गयी है!
तुम्हारे गरजने की ऋतु आ गयी है!

फिरे चीनियों के इरादों पे पानी,
चलो हिन्द सागर से लेकर रवानी,
तुम आज इस क़दर दे दो सुरखी लहू को,
कि घबरा के खुद रुख बदल दे कहानी!
बढ़ो सनसनाते हुए तीर बन कर!
चलो आज भारत की शमशीर बनकर!

यह हमला है हम सबकी इज्ज़त पे हमला!
यह हमला है पुरखों की जुर्रत पे हमला!
न सीमा तलक इसको सीमित समझना,
यह हमला है अब पूरे भारत पे हमला!
मगर हमको हमले का कुछ गम नहीं है!
हमारे यहाँ भी लहू कम नहीं है!

हकीकत है नज़रों को धोखा नहीं है,
यह सरहद पे काली हैं सेना नहीं है,
यहाँ लाखों मुण्डों की माला चढ़ेगी,
यह सीमा है लछमन की रेखा नहीं है!
अगर एक हिस्सा भी मिसमार होगा!
तो अब लाखों लाशों का अम्बार होगा!

है शायर की पाकीज़ा दुनिया पे हमला,
है कवियों की हर ऊँची उपमा पे हमला,
है खतरे में पाकीज़गी कल्पना की—
यह हमला है लहराती गंगा पे हमला!
बचे जिस तरह भी हिमाला बचाओ!
बचाओ वतन का शिवाला बचाओ!

—नज़ीर बनारसी

पर्वत क्या आकाश है

नीला नीला व्योम है नीली नीली रात है
भीगे भीगे फूल हैं भीनी भीनी वात है।
जङ्गल के सुनसान में प्राणों की गहराइयाँ।
गहरी गहरी कन्दरा आहों-सी तनहाइयाँ।

बूंदा-बाँदी देख कर आतप है पाताल में,
रंगों की ही भीड़ है मैदानों के हाल में।
पर्वत मेरा मंच है छिड़ती जिसपर रागिनी,
गाता हूँ मैं झूमकर सुनती सारी यामिनी।

दुहरातीं सङ्गीत हैं ऊंची नीची वादियाँ,
पतली सी पगडण्डियाँ टेढ़ी-मेढ़ी घाटियाँ।
आँधी है झकझोरती झुकनेवाली डाल को
जुलमी करता तङ्ग है जैसे हर कङ्गाल को।

चश्मा हर पाषाण से फूटे मन के स्नेह-सा,
पेड़ों के झुकझूम में बन जाता है गेह सा।
ऊंची नीची खाइयाँ टेढ़ा मेढ़ा रास्ता,
लगता है जैसे हमें इनसे ही है वास्ता।

अम्बर ही तो झील है दर्शन ही तो प्यास है,
झरनेवाली बाँह में पर्वत क्या आकाश है।
हल्की-हल्की दूब है चलती फिरती छाँव है,
उठती गिरती है हवा भूला भूला गाँव है।

•

हिम देवता

छाती पर बर्फीला अन्धड़ झेलता,
मुखरित है फिर पर्वत का हिमदेवता!

मलयानिल करता है उसकी आरती,
जयमाला पहनाती भारत भारती।
फूल रक्त का खिलता कुंकुम थाल पर,
कंकर का टीका शंकर के भाल पर।

ये शताब्दियों की है पावन लावनी!
खेत और खलिहान बने हैं छावनी!

—वीरेन्द्र मिश्र
जन्म १९२८

मीठे सपने समेट लाते थे

वह बलन्दी कि देख कर जिसको
रास्ते लौट लौट जाते थे।
जिन ढलानों पे मस्त चरवाहे
बाँसरी पर धुने नचाते थे।

सरगमें झूम झूम उठती थीं,
बाँस-बन सीटियाँ बजाते थे।
वेद के पुल लचकते रहते थे,
और तलुओं को गुदगुदाते थे।

पिघली चाँदी के तेज रौ झरने
जिनके साये में गुनगुनाते थे,
और बादे शुमाल के झोंके,
जिनके पानी में भीग जाते थे।

शान - ए - ब्रह्मपुत्र को बादल
अपने पंखों से थपथपाते थे,
लोग जाते थे और आँखों में
मीठे सपने समेट लाते थे।

आज उस बर्फ़पोश वादी में
हो गए हैं पहाड़ सरवकफ़न,
गोलियाँ चीख चीख पड़ती हैं
गूंज उठते हैं कोहो दश्तो दमन।

—अमीक हनफ़ी
जन्म १९२९

चोटिया बर्फ़ कीं

धधक रहीं चोटियां बर्फ की
ज्वालामुखी सरीखी,
कब से घायल सीना लिए
हुए लद्दाख खड़ा है।
अब तक जिसका माथ चूम
पाती थीं किरणें,
उसी शिखर पर आज
रक्त का धब्बा एक पड़ा है।

एक रक्त का धब्बा जो
दिन रात फैलता जाता,
जिसने शिखरों के हंसों की
पाँख मलिन कर दी है।
जिसने निर्झरियों की वंशी
छीन तोड़ फेंकी है,
जिसने ठण्ढी हरियाली में
तरल अग्नि भर दी है।

दूध - धुले हिमशिखर कि जैसे
संगमर्मरी बाँहें,
ये दरपनी चोटियाँ जैसे
आभा सजल नयन की,
जैसा दीप-शिखा का सबसे
अन्तिम नीला घेरा,
ऐसी ही लगती इनमें
प्रतिबिम्बित छाँह गगन की।

ताजा पगडण्डियाँ कि जिनको
धूप न छू पाई है,
आग उगलते हुए वहीं से
वायुयान जायेंगे ?
चरागाह ये जो वंशी-स्वर
तक से रहे अपरिचित,
लिए हुए बन्दूक हाथ में
वहीं दनुज आयेंगे ?

उसका यह अभिमान हमीं से
बढ़ कर आँख मिलाये।
यह मत समझो हम केवल
वीणा हैं शंख नहीं हैं।
झपटे नहीं किसी पर तो
यह अर्थ नहीं है इसका,
पास हमारे केवल सपने
ही हैं पंख नहीं हैं!

—बालस्वरूप राही

तू भू के प्राणों का शतदल !

सित क्षीर-फेन हीरक-रज से
जो हुए चाँदनी में निर्मित,
पारद की रेखाओं में चिर
चांदी के रंगों से चित्रित,
खुल रहे दलों पर दल झलमल !

सपनों से सुरभित दृग-जल ले
धोने मुख नित रजनी आती,
उड़ते रंगों के अंचल से
फिर पोंछ उषा सन्ध्या जाती,
तू चिर विस्मित तू चिर उज्ज्वल !

झीने मृदु स्वर्णिम तारों-सी
किरणों के मिस केसर झरती,
हल्के आतप में रस भीनी
सतरंगी रज बरसा करती,
निर्झर में बहता मधु अविरल ।

सीपी से नीलम से द्युतिमय,
कुछ पिङ्ग-अरुण कुछ सित-श्यामल,
कुछ सुख-चंचल कुछ दुख-मंथर
फैले तम से कुछ तूल-विरल,
मँडराते शत शत अलि-बादल !

युग व्यापी अनगिन जीवन के
अर्चन से हिम-श्रृङ्गार किये,
पल पल विहसित क्षण क्षण विकसित
बिन मुरझाये उपहार लिए,
घेरे है तू नभ के पदतल !

ओ पुलकाकुल ! तू दे दिव को
नत भू के प्राणों का परिचय,
कम्पित उर विजड़ित अधरों की
साधों का चिर जीवित संचय,

तू वज्र-कठिन किशलय-कोमल !

●

हे चिर महान्

यह स्वर्णरश्मि छू श्वेतभाल,
बरसा जाती रङ्गीन हास;
सेली बनता है इन्द्र-धनुष,
परिमल मल मल जाता बतास !
पर रागहीन तू हिमनिधान!

नभ में गर्वित झुकता न शीश,
पर अंक लिए है दीन क्षार;
मन गल जाता नत विश्व देख
तन सह लेता है कुलिश-भार!
कितने मृदु कितने कठिन प्राण!

टूटी है कब तेरी समाधि,
झंझा लौटे शत हार हार;
बह चला दृगों से किन्तु नीर,
सुन कर जलते कण की पुकार!
सुख से विरक्त दुख में समान!

मेरे जीवन का आजं मूक,
तेरी छाया से हो मिलाप;
तन तेरी साधकता छू ले,
मन ले करुणा की थाह नाप !
उर में पावस दृग में विहान!

—महादेवी

आशंसा

बभ्रुं कृष्णां रोहिणीं विश्वरूपां ध्रुवां भूमिं पृथिवीमिन्द्रगुप्ताम्।
अजीतोऽहतो अक्षतोऽध्यष्ठां पृथिवीमहम्॥

कपिश, श्यामल, गैरिक वर्णवाली विश्वरूपा ध्रुव और मघवांरक्षित भूमि पर हम अपराजेय, अमर और अक्षत होकर अधिष्ठित रहें।

यस्यां गायन्ति नृत्यन्ति भूम्यां मर्त्या व्यैलवाः।
युद्धन्ते यस्यामाक्रन्दो यस्यां वदति दुन्दुभिः।
सा नो भूमिः प्रणुदतां सपत्नानसपत्नं मा पृथिवी कृणोतु॥

जिस पर मुखर मानव गान गाते हैं, नृत्य करते हैं, युद्ध करते हैं, जिस पर दुन्दुभि बजती है, कोलाहल रहता है, वह पृथिवी प्रतिपक्षियों को दूर अपसारित कर दे और मुझे शत्रुहीन रखे।

जनं बिभ्रती बहुधा विवाचसं नानाधर्माणं पृथिवी यथौकसम्।
सहस्रं धारा द्रविणस्य मे दुहां ध्रुवेव धेनुरनपस्फुरन्ती।

जो अनेक प्रकार के, भिन्न भिन्न भाषावाले और नाना धर्मवाले जनो को यथा स्थान धारण करती है, वह पृथिवी सरल स्थिर गो के समान हमें सुख की सहस्र धारायें प्रदान करे।

अथर्व०

●